参考群体影响下大学生亲社会态度、行为实证研究

CANKAO QUNTI YINGXIANG XIA DAXUESHENG
QIN SHEHUI TAIDU、XINGWEI SHIZHENG YANJIU

师晓娟　著

西南财经大学出版社
Southwestern University of Finance & Economics Press
中国·成都

图书在版编目(CIP)数据

参考群体影响下大学生亲社会态度、行为实证研究/师晓娟著．—成都:西南财经大学出版社,2021.9
ISBN 978-7-5504-5066-0

Ⅰ.①参…　Ⅱ.①师…　Ⅲ.①大学生—社会行为—研究　Ⅳ.①G645.5②C912.68

中国版本图书馆CIP数据核字(2021)第189135号

参考群体影响下大学生亲社会态度、行为实证研究

师晓娟　著

总 策 划:李玉斗
策划编辑:何春梅
责任编辑:肖翀
封面设计:张姗姗
责任印制:朱曼丽

出版发行	西南财经大学出版社(四川省成都市光华村街55号)
网　　址	http://cbs.swufe.edu.cn
电子邮件	bookcj@swufe.edu.cn
邮政编码	610074
电　　话	028-87353785
照　　排	四川胜翔数码印务设计有限公司
印　　刷	四川五洲彩印有限责任公司
成品尺寸	170mm×240mm
印　　张	10
字　　数	185千字
版　　次	2021年9月第1版
印　　次	2021年9月第1次印刷
书　　号	ISBN 978-7-5504-5066-0
定　　价	68.00元

序

习近平总书记强调，青年是整个社会力量中最积极、最有生气的力量，国家的希望在青年，民族的未来在青年。

青年的教育一直都是宏大而永恒的话题。在这个话题面前，身处不同立场和角度中的人会持有各自认为合理的观点。然而，立场差异的背后是不同的利益诉求和价值取向，角度差异的背后则是不同的社会责任和行为动机。

亲社会行为，在心理学里指人们在社会交往中所表现出的具有正能量的行为，是人的一种涵养，表现为谦让、助人、合作和共享等有利于他人和社会的品质。亲社会行为的对立面是“反社会行为”。在今天，亲社会行为与社会主义核心价值观的个人要求——爱国、敬业、诚信、友善是一致的。发展亲社会行为，应视为社会成员增强社会责任感、坚持崇高信仰、完善优良品格的行为。因此，《参考群体影响下大学生亲社会态度、行为实证研究》出版的意义是显而易见的。

所谓参考群体就是一个在现实中的确存在或由某人想象出的个人或群体，这些个人或群体与某人的个体评价、追求或行为显著相关。由此可见，参考群体中的“群体”不仅包括两人以上的群体，也包括个人。参考群体的实体性较弱。大街上一个素不相识的人可能成为参考群体，某一个广告明星可以是参考群体，甚至一个臆想出来的人也可以成为参考群体。大学生作为一个心智不完全成熟的群体，其行为容易受到他人思想、感受与行为的影响。由于大学生置身于班级、学校这样的群体中，同学、教师等群体的群体规范对他们的影响无处不在；同时，发达的网络技术又常常令他们处于虚拟的群体中。因此，家庭、学校和社会的协同教育对培养大学生的亲社会行为至关重要。

《参考群体影响下大学生亲社会态度、行为实证研究》的特点很多，突出表现在以下几个方面。首先，本研究运用了混合研究方法，先是用扎根理论构建了一个模型，然后通过定量的方法对模型进行检验。其次，本研究用对比的研究方式，从参考群体的视角对亲社会态度与行为进行了研究，比较了在不同参考群体的信息影响、规范影响下，大学生亲社会行为的差异。最后，本研究在理论上有所突破，对参考群体影响大学生的亲社会态度与行为的机制进行了探索。亲社会行为领域以往的研究，由于较多强调“利他性”内涵，所以多局限在“帮助、分享、利他、合作”等少数几种行为上，这其实制约了人们对亲社会行为的理解，使得亲社会行为的评价也过于强调个人的牺牲和利他。本研究基于大学生所认同的亲社会行为，对其概念表征进行探讨。在参考群体的信息影响和规范影响下，大学生表现出的亲社会行为不同，对此，本研究提出了有利于家庭、学校和社会协同育人的合理举措和有效方案。我认为，以上三点是本研究的特点和创新之处，希望各位热心的读者能够与作者一起探讨属于德育范畴的大学生亲社会行为问题。

是为序。

杜青龙

西南科技大学经济管理学院

2021 年 8 月

前言

亲社会态度与行为对人类的生存和发展具有极其重要的作用，尤其对构建社会主义和谐社会具有举足轻重的推动作用。从个体层面而言，亲社会态度与行为可以给人以归属感，使个体更好地适应社会；从社会层面而言，亲社会态度与行为有利于人们建立相互信任、相互帮助的关系，推动社会和谐稳定发展。基于此，研究亲社会态度与行为意义重大。大学生群体作为社会的知识聚集体和未来的希望，在亲社会态度与行为的群体组成中，占据着重要的地位。大学生亲社会态度与行为状况直接影响着社会整体的亲社会态度与行为的发展，而亲社会态度与行为的形成机理是研究的关键所在。对于西藏的大学生而言，他们肩负着建设西藏的重要使命，其亲社会的情况直接关系着西藏社会的稳定。于是，本研究以西藏自治区的大学生为研究对象，以参考群体对其亲社会态度与行为的影响为研究变量，展开了实证研究。

本研究的主要研究内容如下：第一，对亲社会态度与行为的相关理论进行了综述，发现了一些问题，总结出了一些得到认可的理论；第二，在文献综述的基础上，从三个角度提出了假设，即参考群体的信息影响角度、参考群体的规范性影响角度和大学生的归属群体的规范性影响角度，并对每个角度的假设提出了相应的分假设；第三，采用相关量表测验大学生亲社会态度与行为；第四，对测验结果进行了整理、分析，检验提出的假设成立与否；第五，针对成立的假设提出了相应对策，以塑造大学生的亲社会态度，鼓励大学生的亲社会行为。在研究方法上，本研究采用了定性研究与定量研究相结合的方法。定性研究采用访谈法，主要用于构建模型、修正模型。定量研究采用统计学的相关理论与方法，主要用于验证模型，采用的软件为 SPSS22.0 和 AMOS21.0。

研究结果如下：①与“没有外部信息”和“负面的外部信息”相比，“正面的外部信息”对被试大学生的亲社会态度产生了更大的正面影响；与“正面的外部信息”相比，“负面的外部信息”对被试大学生的亲社会态度产生了更大的负面影响，但是与“没有外部信息”相比，“负面的外部信息”并没有对被试大学生的亲社会态度产生更大的负面影响。这说明在改善大学生亲社会态度时，要积极利用正面信息的作用，最大限度地避免消极信息产生负面作用。②与“消极规范”相比，“积极规范”的激励使被试大学生表现出更高的亲社会行为程度。这提示我们，在培养大学生的亲社会行为时，要尽可能地运用积极规范，避免消极规范。③大学生更容易受到父母和老师的影响，同时，父母和老师的“批评”规范类型对大学生的亲社会行为的塑造具有更为重要的影响。这提示我们，家庭和学校的协同教育对培养大学生的亲社会行为至关重要。

感谢西藏大学经济与管理学院的肖志杨、秦溥悦、彭寒婷、赵越、李春怡、窦倩楠、莫富荣等同学，感谢他们在校稿以及数据采集方面的辛勤付出。感谢西藏大学财经学院的强巴老师、西藏大学藏文信息学院的阿永强老师、西藏大学经济与管理学院的次仁德吉老师和阿米拉老师，以及被访的西藏大学的学生们，感谢他们在本研究数据采集阶段所给予的帮助。

此外，还要特别感谢西南财经大学出版社承担本书策划和编校的团队，他们严谨与高效的工作，使本书在保证质量的前提下得以迅速出版。

师晓娟

2021 年 8 月

目录

第一章　绪论 / 1

第一节　研究背景及意义 / 2

第二节　研究目标 / 5

第三节　拟解决的关键问题 / 7

第四节　研究方法和技术路线 / 8

第五节　研究存在的不足 / 10

第二章　文献综述与项目研究方法 / 11

第一节　文献综述 / 11

第二节　项目主要研究方法 / 38

第三章　基于扎根理论的亲社会行为的形成与发展研究 / 44

第一节　研究设计 / 44

第二节　模型阐释及研究发现 / 49

第三节　项目的研究框架 / 53

第四章　参考群体信息对大学生亲社会态度的影响 / 55

第一节　理论背景与研究假设 / 56

第二节　研究一：定性研究 / 58

第三节　研究二：信息类型对亲社会态度的影响／ 60
第四节　研究三：移情性对亲社会态度的中介作用／ 69

第五章　参考群体规范影响下大学生亲社会行为研究／ 79
第一节　理论背景与研究假设／ 79
第二节　规范性影响的初步验证／ 82
第三节　研究方法／ 83

第六章　研究总结与对策／ 93
第一节　研究总结／ 93
第二节　对策建议／ 94

参考文献／ 114

附录／ 140
附录一：大学生德育思想调查问卷（1）／ 140
附录二：大学生德育思想调查问卷（2）／ 143
附录三：大学生德育思想调查问卷（3）／ 145
附录四：社会行为调查问卷（1）／ 148
附录五：社会行为调查问卷（2）／ 149
附录六：社会行为调查问卷（3）／ 150
附录七：社会行为调查问卷（4）／ 151

第一章　绪论

引例1：南都讯 记者成希。“真是太冷漠了，如果有人及时将他扶起来，老人也不至于惨死!”2010年12月15日下午1点多，深圳市福田区益田村，78岁的市委组织部老干部肖雨生在小区里跌倒，保安和路人无一上前搀扶。20多分钟后，老人的儿子肖先生外出时发现，老人孤零零趴在地上，额头磕破流血，鼻子紧贴地面，已没有了呼吸。肖先生质疑小区保安见死不救，使老人摔倒后活活被憋死。益田村保安部负责人解释，不是他们冷漠，只是害怕承担责任，确实不敢前去搀扶，因为以前的“吴伟青事件”给了大家很多教训。(此案例说明，负面信息会导致人们不敢实践亲社会行为。)

引例2：重庆商报2013年12月12日讯，商报记者陈保发报道。21岁的重庆小伙郭竞，在上海乘坐地铁10号线时，试图用力拖住扶梯上要摔倒的老人，却被3名乘客倒下来压伤右腿。虽然老人没说谢谢就离开了，但郭竞的行为却被网友夸赞（本报曾报道）。昨日，记者从上海地铁方面了解到，因救人受伤的郭竞近日被授予上海“地铁侠”荣誉称号。12月5日，上海地铁文明正能量颁奖仪式在上海地铁人民广场音乐角举行。上海市首位“地铁文明正能量地铁侠”的荣誉，就授予给了一个月前因为救人而受伤的重庆巴南小伙郭竞。希望郭竞能将正能量传递下去，呼吁更多乘客行动起来，引领城市文明。(此案例显示，人们试图通过好的规范激励大家去实践亲社会行为。)

第一节　研究背景及意义

一、研究背景

大学生亲社会行为是大学生主体在特定社会中发生的、为他人所赞赏的行为。很多行为都可以被归为亲社会行为，如做慈善、自我牺牲、合作等。从社会层面来看，亲社会行为是一种常见的积极社会现象，在人类的生存和进步方面起到了举足轻重的作用；从个人层面来看，亲社会行为是个体在社会化过程中经常发生的、较为普遍的积极社会行为，是评价个体社会化发展程度高低的重要指标。大学生实施亲社会行为，既能让他们获得鼓励，又能让他们更好地适应社会，进而推动社会的发展。

20 世纪中叶以来，人类的科学技术飞速发展。伴随着城市化程度的不断提高，“现代社会病”（亦称“文明病”）也逐渐走向普通人群，且越来越严重。自 1964 年美国纽约皇后大街的“Kitty Genovese 案件”发生以来，非助人行为、社会冷漠及反社会行为等社会负面现象开始引起西方学者的关注。亲社会行为与反社会行为作为社会行为倾向的两极，此消彼长，息息相关。不仅如此，研究发现，人类社会文明发展进程的推进与亲社会行为的弱化在某种程度上存在着某种负相关关系，与反社会行为的强化在某种程度上存在某种正相关关系。这警示我们在社会文明发展的过程中，必须要重视对社会行为的研究，鼓励人们积极实施亲社会行为，减少非助人行为、社会冷漠及反社会行为，从而反作用于当今的社会实践，以推动社会氛围向更加积极友好的方向发展。

目前，亲社会行为的弱化问题是东西方学者共同关心和研究的话题（杨静，2006）。亲社会行为的实施及作用效果会因他人行为而被弱化或强化。对中国社会而言，亲社会行为被弱化的现象偶有发生，这无疑会对社会主义现代化建设、社会主义精神文明建设、社会主义核心价值观的践行及社会主义和谐社会的构建等带来一系列负面效应。当前，中国正处在社会变化、发展、转型阶段，因此，中国大学生群体的价值观念、行为习惯、心理状态、思维方式和生活态度等，也都会产生重大变化。同时，大学生群体在人格方面也表现出不同程度的偏差，这在一定程度上为分析亲社会行为的弱化问题增加了难度。

与国内其他地区相比，西藏的大学生群体肩负着更加繁重的学习任务和更加复杂的社会使命。他们不仅要成为建设西藏、发展西藏的应用型人才，更要肩负起稳定边疆关系、继承和发展西藏文化的重担。因而，他们作为社会主体产生的社会行为及其影响会被进一步放大，甚至会直接关系到西藏地区的稳定和发展。对于快速发展中的西藏而言，培养出政治素质较高，能够适应社会需要，且能够为西藏的稳定、发展做出贡献的合格大学生是西藏人才培养的目标和发展的关键。因此，本研究通过分析参考群体对大学生实施亲社会行为的影响，得出如何培养西藏大学生积极实施亲社会行为的举措，从而提高大学生的社会道德水平，以培育良好的社会风气，带动社会发展。

人是社会性动物，人的社会行为常常会表现出取悦他人的特点，也常常会受到他人的影响。因此，大学生亲社会态度的采取与行为的实施，除了要依靠大学生自身的内省与学习外，参考群体对大学生亲社会行为实施的影响也不可忽视。参考群体指的是一个在现实生活中的确存在或由被影响者想象的、可以作为向导而使用的、在社会互动当中具有某些特殊权力的个人或群体。大学生的参考群体包括他们的家庭成员、教师、朋友、崇拜的明星等，或者是在现实中或历史上并不存在的虚构人物。

本研究从参考群体对大学生的亲社会行为、态度产生影响的角度，对大学生的亲社会态度及行为进行了研究，试图厘清参考群体对大学生亲社会行为的实施产生的积极影响，从而帮助大学生树立正确的世界观、人生观、价值观。同时，本研究对于学校、家庭以及社会如何对大学生实施正确的外部干预与良好教育具有重要的参考和借鉴意义，还可以为西藏的社会和谐稳定、经济平稳运行、文化积极繁荣等发展目标提供强有力的思想政治保证和社会实践参考。

二、理论意义

本研究将从社会心理学、社会学、消费者行为学和管理学等视角，深入研究参考群体对大学生的亲社会态度、行为的影响以及其中的逻辑关系。

（1）已有文献主要是从个体的认知、情感、人格特征等内部因素角度出发，对个体的亲社会行为进行研究；而从外部施加的影响，特别是从参考群体这个角度出发来研究大学生亲社会行为的文献相对较少。在被试对象的选取方面，大多数文献主要以婴幼儿为主体，并对其行为进行研究，忽视了大学生这一特殊群体在学术上存在的巨大空白。

（2）已有文献在研究参考群体采取的行为对其他主体行为产生的影响时，忽略了正面信息、负面信息、积极规范、消极规范等要素带来的影响与要素之间的差异，并没有将它们联系起来。

（3）已有文献的理论依据多局限于单个专业领域，缺乏学科交流交叉的研究思想，缺乏使用各学科复合理论发表的文章。

（4）已有文献并未对参考群体的概念做出一个相对明确和清晰的解释，而针对亲社会行为和影响大学生亲社会行为的因素也仅仅做了简单归纳而非总结，对其学术定义存在争议。

（5）国内针对旁观者冷漠效应的实证研究文献相对较少，存在学术研究空白。

三、应用意义

大学生是否不再需要偶像，又或者需要什么样的偶像？在互联网高度发达的今天，许多负面信息充斥校园，该如何应对？对于大学生群体，是否应该进行信息管制？在大学生群体的亲社会教育过程中，学校的核心工作是什么？应该如何开展工作？如何激励大学生努力实施亲社会行为？

诸如此类，太多的问题需要我们去解决。从参考群体的角度去思考这些问题，或许会给我们一些新的启发。按照社会心理学的观点，个体是会受到社会影响的。社会影响是指在他人的作用下，个体的态度、信念、知觉、情绪以及行为发生变化（华红琴，2004）。这里的“他人”即我们所要研究的对象之一——参考群体。将大学生受社会影响而做出的亲社会行为与大学生所选择的参考群体相结合并进行思考，不难得出本研究的应用意义：

研究参考群体对大学生亲社会行为的影响，有利于更好地界定参考群体；有利于分析参考群体对大学生亲社会行为产生的各种影响，进而鼓励大学生群体在生活与学习中积极实施亲社会行为；有利于分析大学生群体实施亲社会行为的心理动机，从而为高校开展思想教育工作指明方向；有利于检验各种信息类型对大学生群体亲社会态度产生的不同影响，检验移情性对亲社会态度起到的中介作用，从而以学术视角促进大学生亲社会行为发生；有利于通过信息、规范、价值引导等分析参考群体对大学生群体的亲社会行为产生的影响，以达到引领大学生积极实施亲社会行为、改善社会风气、建设社会主义和谐社会的目标。

第二节　研究目标

一、逻辑关系假设

本研究将针对参考群体与亲社会态度、行为的逻辑关系提出相应假设及验证，以探索：

（1）大学生的亲社会行为会受到社会责任分散的影响；

（2）大学生的亲社会态度会受到外部信息性影响，不同的信息类型、不同的影响类型，以及负面外部信息性影响会降低大学生群体的助人可能性；

（3）大学生的亲社会行为会受到外部规范性影响，负面外部规范性影响会降低大学生群体的助人可能性；

（4）参考群体正面或负面的外部信息的影响会提高或降低大学生的亲社会态度水平；

（5）来源于参考群体的负面信息对被影响者亲社会态度值的降低水平要高于正面信息对被影响者亲社会态度值的提升水平；

（6）相对于普通媒介信息，来源于参考群体的信息对大学生的亲社会行为及态度所产生的影响更大；

（7）当信息源可信时，大学生群体的行为最容易被其选择的参考群体所影响；

（8）参考群体的正面外部信息会使被影响者的移情性提升，参考群体的负面外部信息会使被影响者的距离感增强；

（9）移情性是参考群体信息影响者与被影响者亲社会态度的中介变量。

二、提出对策

通过对逻辑关系假设的提出、检验和证实，本研究认识到参考群体的正面行为观念会对大学生亲社会行为的实施产生积极作用。

从建设参考群体方面，本研究能够切实提升参考群体对大学生亲社会行为的认识深度和影响频率。本研究还提出了能够干预大学生亲社会态度及提升大学生亲社会行为水平的若干对策，希望能为今后更加深入的研究提供一些思想启示，也能为西藏的大学生教育、人才培养提供一些理论及实证的参考依据。

从信息方面，本研究提出重视强化信息的影响作用，改善西藏大学生群体的亲社会态度和行为。从政府、学校、家庭三个层面强化正面信息的激励；减缓负面信息的冲击，引导大学生群体树立正确的三观，正确解读负面信息，弱化负面信息的影响；建议从国家、网络、学校、家庭、个人五个方面入手，确保大学生群体信息获取渠道的正当性，通过教育提高大学生对各类信息的认识和理解，提升大学生群体信息吸收的能力；定期举办和开展文化活动，锻炼大学生主体对信息的认识和运用能力，将国家、学校和家庭等主体传播的正面信息更快转化为亲社会态度和行为，付诸实践。

从规范方面，本研究提出培养健康的群体规范，强化西藏大学生群体的亲社会态度和行为。保证法律等制度规范的地位和质量，积极对规章制度进行传播，从而强化法律规范对负面信息传播的约束作用；在规章制度、奖惩措施、传播渠道等层面，各主体要加快对信息传播规范和条例的制定，摒除消极规范对正面信息传播的阻碍；大学生主体要加强对信息传播规范条例的学习，注重个人规范修养，努力将群体规范转化为自身对规范条例的正确认识，及时约束自己。

从价值引导方面，本研究要加强价值观的引导教育，端正西藏大学生的亲社会态度和行为。从社会宣传层面加强社会主义核心价值观的教育，充分发挥思想政治教育理论课的作用，同时也要强调社会实践作用，尊重大学生的主观意愿，把握教育的客观引导方向；从学校层面扩大寓有社会主义核心价值观的高校文化的作用，发挥任课教师作用，有效利用社会与高校的现有资源，积极营造并培养大学生责任意识，可以利用高校流行语来狠抓学校风气，加强对当代大学生价值观的引导教育，营造良好的学习环境；从家庭层面重视价值观教育和家庭环境的影响，父母要发挥积极参与亲社会行为的表率作用，营造一个和谐的家庭环境，在向后代传授生活知识与技能的同时，还要向后代传授亲社会的行为表现和对亲社会行为认识的积极信息；后代要从个人层面加强对社会主义核心价值观的学习，同时正确认识理解并利用群体压力，促使价值观外化为自身的行为准则。

第三节 拟解决的关键问题

（1）分析现有文献，撰写文献综述，寻找支持本研究的已有假说或其他新的假说；分析“参考群体对当代大学生的亲社会行为是否存在影响及作用”这一假设的理论来源和研究支持；

（2）建构研究框架，寻找并建立符合研究假设的结构方程式模型并选择统计分析方法，对因子、信度与方差进行检验；

（3）界定“参考群体”“亲社会行为及影响因素”“旁观者冷漠效应”等的概念和适用范围，比较在不同的影响类型（信息性影响、规范性影响等）下，大学生群体的亲社会态度、行为之间的差异，规范研究不同条件下的社会影响强度及助人可能性；

（4）提出移情性作为参考群体信息影响者与被影响者亲社会态度的中介变量这一假设；

（5）选取适当量表并对信度与效度进行检验，进行实验设计与假设检验；分析、解释调节变量的作用机制；研究潜在变量和观察变量之间的关系；研究影响大学生群体亲社会行为的情景因素、信息类型、规范类型、群体类型；

（6）构建态度、行为分离的研究框架，选取正确结构方程模型和统计分析方法，做好因子分析（测量量表结构效度）和信度分析（研究量表可靠性）；

（7）提出研究结论，做好研究总结与对策分析，验证并接受或推翻研究假设。

第四节 研究方法和技术路线

一、研究方法

本研究采用定量研究与定性研究相结合的方法进行研究。

1. 定量研究

本研究主要使用了定量研究中的情景模拟实验法（亦称决策扮演）和抽样调查的方法。问卷采用非开放式的里克特量表问卷。

情景研究是社会学研究中常用的方法，一般采用文字描述、图片或视频来操纵相关自变量，从而减少外部变量的影响。该方法可信度高，可以针对研究问题控制自变量，能够体现被研究者的真实反应。该方法的缺陷是存在生态效度问题。生态效度是指单一实验结果能够推论到被试样本总体或其他同类现象中去的程度。实验中的情景与操作在现实生活中未必具有代表性，被试者对实验刺激的反应也未必代表他们在真实环境中的行为。

里克特量表是在目前的调查研究之中使用最广泛的评分加总式心理反应量表。当受测者回答此类问卷的项目时，他们能够具体指出自己对该项陈述的认同程度。

2. 定性研究

本研究在定性研究方面主要采用扎根理论与访谈法，选取西藏高校在校大学生进行访谈，并对访谈内容进行归纳、总结，以期得出更具有普适性的结论。

二、技术路线

本研究的技术路线如图 1-1 所示。

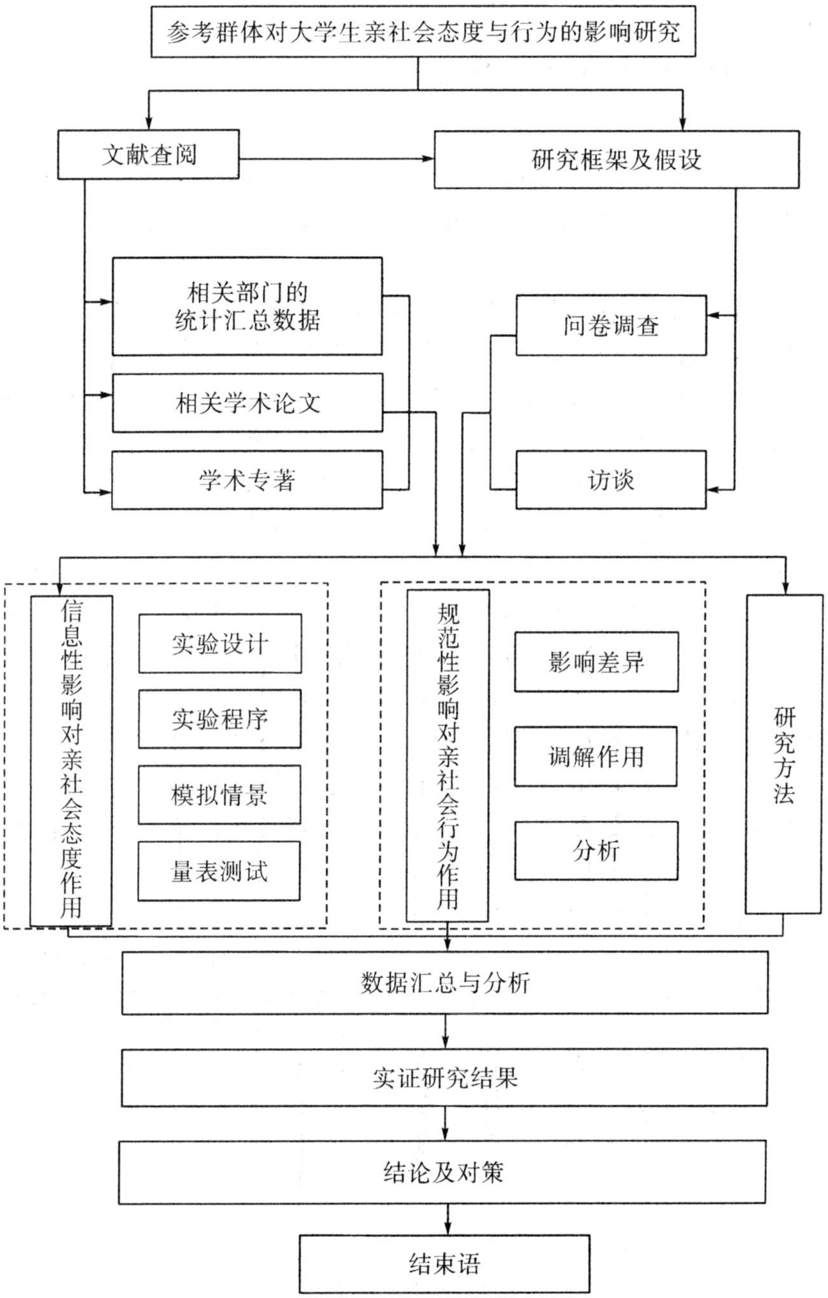
参考群体对大学生亲社会态度与行为的影响研究
文献查阅
研究框架及假设
相关部门的统计汇总数据
相关学术论文
学术专著
问卷调查
访谈
信息性影响对亲社会态度作用
实验设计
实验程序
模拟情景
量表测试
规范性影响对亲社会行为作用
影响差异
调解作用
分析
研究方法
数据汇总与分析
实证研究结果
结论及对策
结束语

图 1-1　技术路线

第五节　研究存在的不足

（1）本研究对参考群体所产生的社会影响强度进行了机制上的探索，但这种机制的唯一存在性、解释力与普适性等因素都需要在此基础上进行更为深入的研究。

（2）本研究没有对规范性影响的机制存在进行探索，而是猜想人们遵从规范的目的是为了获得“安全感”，但这种主观感受不易测量。

（3）本研究的实际操控步骤中可能存在纰漏。比如，在采访调查过程中没有给被试者经济报酬，不知其是否敷衍了事。“亲社会行为”是一个社会敏感话题，该如何保证被试者的回答与实际行为的一致性？是否存在“伪道德”的问题？等等。这些问题都无法在实验过程中得到验证。

（4）本研究的样本包含藏、汉两个民族的学生，他们之间的文化存在一定的差异性。但本研究并未在文化方面对被试样本进行区分，这可能给研究结果带来一定偏差。本研究的部分假设没有得到证实，可能与此相关。

（5）本研究样本的总量较小，不同样本群体之间可能存在地域差异，但本研究无法体现或消除这一差异，进而可能影响部分假设的验证。

（6）本研究的内容和假设决定了在采访之前无法对被调查者进行事前培训，进而无法得知被调查者是否真正了解问卷的调查内容，以及采访信息的收集是否存在误差。

（7）本研究旨在调查参考群体对大学生亲社会行为的影响，那么，研究对象本身是否受到了其他主体行为的影响？即在调研过程中，样本群体之间是否存在着从众效应？是否可以减小误差？这些都是在本次研究过程中未能解决的问题。

第二章　文献综述与项目研究方法

第一节　文献综述

通过对文献进行检索发现，国内外关于亲社会行为的研究文献，不仅数量较多，且研究内容也较为丰富，因此本研究基于 CiteSpace 可视化软件对该领域进行了相关研究趋势和热点话题分析。

CiteSpace 是由陈超美教授于 2004 年在库恩的科学结构的演进的启发下，以 Java 语言为基础，对科学文献中蕴含的潜在知识进行分析，并在科学计量箱、数据以及信息可视化的背景下开发的一款多元、分时、动态化的可视化软件。随着 CiteSpace 的不断发展，其已经具有引文空间的挖掘功能和知识单元之间的共现分析功能。鉴于此，本研究将借助 CiteSpace（版本：5.7. R3.7z）所提供的热点词汇分析、关键词聚类分析、时区演化图图谱分析等功能，分析国内外亲社会行为的热点与主要内容。

一、国内外亲社会行为研究现状解析

（一）文献的年代分布

文献的年发表量在一定程度上展示出了该研究领域的发展速度以及规模，通过对国内外亲社会行为研究文献的发布时间进行分析，可以更好地找出国内研究与国外研究的年代差异性。由图 2-1 可知，一方面，国内亲社会行为研究的发文量呈现出平稳成长的趋势，国外的亲社会行为研究则呈现出逐年上升的态势，且年际变化较为明显，如在 2013 年至 2016 年，文献的数量大幅度增加，年增加量均在 30 篇以上；另一方面，国外亲社会行为研究的论文数量高于国内同期的论文数量，说明国外学者在该段时间内较国内学者对亲社会行为领域的关注度较高。从图 2-1 中可以看出，国外该领域的研究在 2016 年达到

一个峰值，分析此阶段的文献可知，文献的研究方向主要是心理学、商业经济学、神经学、教育学等，其中心理学类文献占比最高，可见国外对于亲社会行为的研究主要是在心理学领域。而国内对于亲社会行为的研究主要是在教育学和心理学两个学科领域。

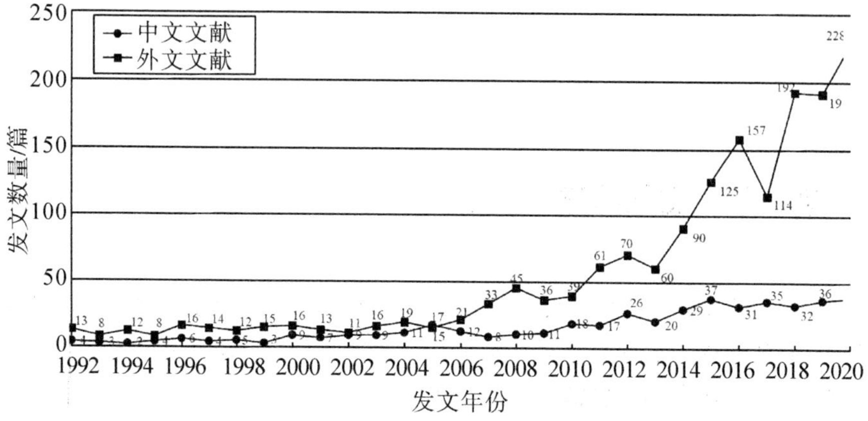

图 2-1 国内外亲社会行为研究文献数量年变化

（二）主要研究机构和核心作者

从亲社会行为领域的研究机构来看，国内以北京师范大学、上海师范大学、南京师范大学、西南大学等为主要研究机构，国外则以密苏里大学、杨百翰大学、瓦伦西亚大学、多伦多大学等为主要研究机构。可以看出，国内外亲社会行为的研究阵地主要是一些著名高校。国内亲社会行为研究的核心作者主要有北京师范大学的冠彧和陈英和、上海师范大学的李丹、沈阳师范大学的张野以及山东师范大学的王美芳等。国外该领域的高产作者主要是加州大学欧文分校的 Carlo Gustavo，杨百翰大学的 Padilla-Walker、Laura M 和 Coyne S M，罗马大学的 Pastorelli Concetta，以及新墨西哥大学的 Davis A N 等。从亲社会行为领域的研究视角来看，国内和国外学者主要是从心理学、教育学、社会学以及经济学等学科视角对亲社会行为进行研究。可见，国内外对于亲社会行为的研究视角具有一定的统一性，且该研究是一门跨学科、跨地域的综合性研究。

（三）高被引文献

通过对 1992 年至 2020 年中文社会科学引文索引（Chinese Social Sciences Citation Index，CSSCI）和 Web of Science（WOS）数据库中与亲社会行为研究相关的高被引文献进行梳理，得到了被引次数排名前五的论文（见表 2-1）。

表 2-1　CSSCI 和 WOS 数据库中被引频次排名前五的文献

数据库	排名	第一作者	题目	刊名	频次
CSSCI	1	鲁洁	《人对人的理解：道德教育的基础——道德教育当代转型的思考》	教育研究	728
	2	李丹	《影响儿童亲社会行为的因素的研究》	心理科学	317
	3	邹泓	《中小学生的师生关系与其学校适应》	心理发展与教育	303
	4	陈欣银	《中国儿童的亲子关系、社会行为及同伴接受性的研究》	心理学报	275
	5	刘聪慧	《共情的相关理论评述及动态模型探析》	心理科学进展	254
WOS	1	Roland Bénabou	"Incentives and prosocial behavior"	American Economic Review	1 054
	2	Anderson C A	"Effects of violent video games on aggressive behavior, aggressive cognition, aggressive affect, physiological arousal, and prosocial behavior: A meta-analytic review of the scientific literature "	Psychological Science	944
	3	Anderson Craig A	"Violent video game effects on aggression, empathy, and prosocial behavior in eastern and western countries: A meta-analytic review "	Psychological Bulletin	896
	4	Penner Louis A	" Prosocial behavior: Multilevel perspectives"	Annual Review of Psychology	771
	5	Crick N R	"The role of overt aggression, relational aggression, and prosocial behavior in the prediction of children's future social adjustment"	Child Development	649

国外亲社会行为领域的高被引文献主要属于心理学、经济学等学科的研究，其内容聚焦于亲社会行为的影响因素和发展关于亲社会行为的理论等方面。如，有的学者讨论了在亲社会行为的心理形成过程中，接触暴力视频游戏会产生生理唤醒和与攻击相关的想法和感觉，其主要是通过在实验室和野外环境中，对男性和女性进行实验性和非实验性的电视和电影暴力而得出的。在将亲社会行为理论应用于激励制度时，有的学者指出无论是物质上的还是形式上的奖惩都会让人怀疑行善的真正动机，并且这种“过度正当化效应”会通过外在的激励导致亲社会行为的部分全部挤出。还有的学者通过研究显性攻击、关系攻击和亲社会行为三者在儿童未来社会适应预测中的作用，指出亲社会行为对未来社会适应的预测贡献了超越显性攻击和关系攻击所提供的信息。由此

可见，国外关于亲社会行为领域的研究视角较广，并侧重于分析亲社会行为在各个领域的应用。

国内该领域的高被引文献主要是基于教育学和社会学的视角对相关问题展开分析的。例如，鲁洁（2000）认为在理解人的基础上，人类就会开始符合自身道德要求的助人行为；李丹（2000）以二、四年级以及初中预备班的学生为研究对象，通过问卷调查的方式研究了影响儿童亲社会行为的因素，发现人际交往状况、父母教养方式以及儿童本身的焦虑程度对其亲社会行为均具有影响；陈欣银等（1995）通过对几百名儿童进行追踪，考察其亲子关系、儿童社会亲社会行为及其同伴接受性之间的关系，发现儿童亲社会、同伴接受性和亲子关系之间相互影响，且儿童的亲社会行为具有高度的稳定性。可见，国内在亲社会行为研究领域中具有较大影响力的文献主要侧重于探索亲社会行为的影响因素，即同伴接受性、学业成绩、环境等，同时也注重对亲社会行为在个体发展中作用的探讨。

二、国内外亲社会行为研究的热点关键词分析

本研究选取中国知网（以下简称 CNKI）和 WOS 数据库为来源数据库进行了研究分析，被引文献的发表时间设置为 1992 年至 2020 年，检索时间为 2021 年 2 月 8 日。在 CNKI 数据库中，文献的类别限定为“核心期刊”和“CSSCI”，检索关键词为“亲社会行为”，剔除会议记录、无明确作者等的文献，最终得到 CNKI 数据库论文 480 篇；在 WOS 数据库中，文献主要为 WOS 核心合集，检索关键词为“prosocial behavior”，共检索出论文 1 658 篇。

关键词代表了所发表文献的核心内容，表达了作者所描述的研究范围及核心思想。因此可以对关键词出现的频次进行统计来分析该领域的研究核心和热点内容。基于此，本研究通过对亲社会行为的关键词共现可视化图谱中的高频词进行分析，更加直观地了解到该领域研究热点之间的内在联系。

通过运用 CiteSpace 可视化软件，将年限区间设置为 1992 年至 2020 年，选择标准设置为 Top50，时间切片为 1 年，并将节点类型设置为关键词，然后分别生成亲社会行为领域高频关键词的共现图谱（如图 2-2 所示），图谱基本参数见表 2-2。

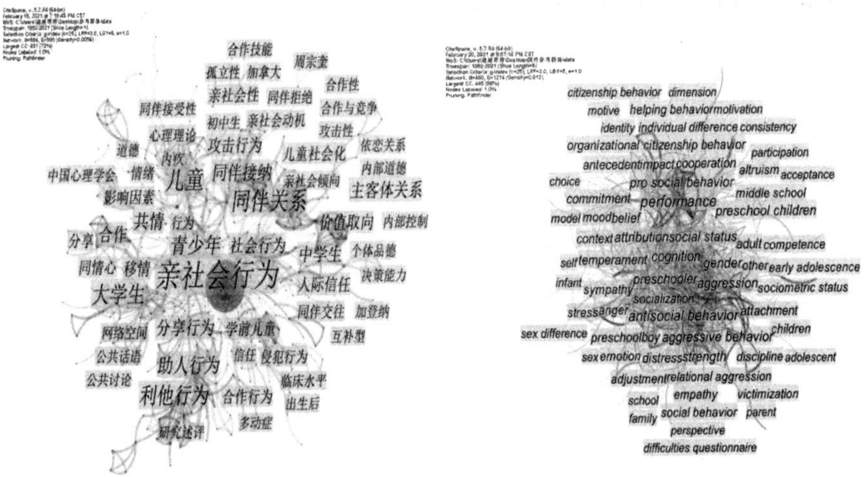

图 2-2 国内（左）和国外（右）亲社会行为的关键词共现图谱

表 2-2 亲社会行为的关键词共现与聚类图谱

参数范围	*N*（节点数量）	*E*（连接数量）	Density（网络密度）	*Q* 值（Modularity）	*S* 值（Silhouette）
国内	594	995	0.005 6	0.553 8	0.973 1
国外	450	1 214	0.012	0.248 9	0.712 7

由表 2-2 可知，国内图谱共有 594 个节点和 995 条连线，网络密度为 0.005 6；国外图谱共有 450 个节点和 1 214 条连线，网络密度为 0.012。图 2-2 中每一个节都点代表一个关键词，节点的大小反映出关键词出现频次的高低，节点越大表示关键词出现的频次越高，越能表现出该研究领域的核心热点。从图 2-2 左图中可以看出，最大的节点是亲社会行为，然后依次是同伴关系、利他行为、青少年、助人行为、儿童、大学生、社会行为、同伴接纳、价值取向、合作、共情等。图 2-2 右图中最大的节点是 prosocial behavior，然后依次是 empathy、altruism、aggression、adolescent、adolescence、cooperation、personality、childhood、motivation、gender、model 等。

三、国内外亲社会行为研究的热点聚类分析

聚类分析是将类似的对象组成多个类的分析过程。通过运用 CiteSpace 的聚类功能将各种分散的、类似的关键词经由算法的运算聚类在一起，形成不同的板块，且自动生成各个板块的聚类标签。如图 2-3 所示，研究者可以通过对

CiteSpace 生成的关键词聚类图谱的观察，更加清楚地看到该领域的核心内容和主题。

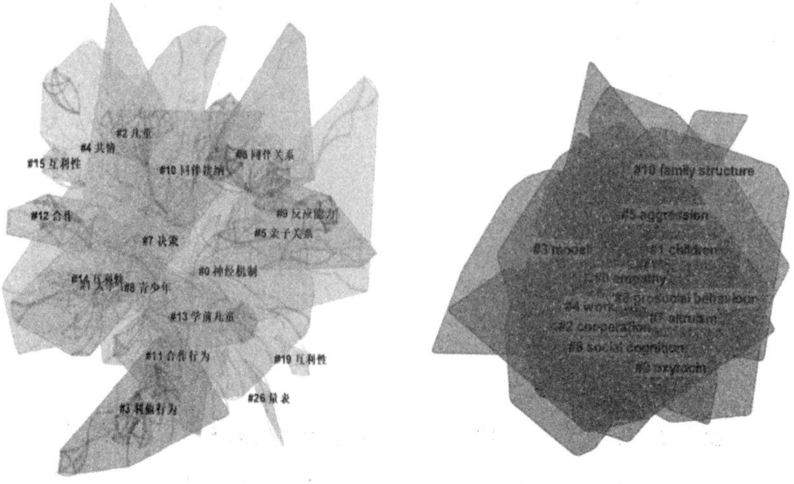

图 2-3 国内（左）和国外（右）亲社会行为的关键词聚类图谱

陈超美教授曾提到，CiteSpace 的关键词聚类图谱，为研究者提供了模块值（Modularity Q，即 Q 值）和平均轮廓值（Mean Silhouette，即 S 值）两个指标，研究者们可以根据其所呈现出的数据结果对图谱的绘制效果进行评判。当 Q 的取值区间为［0，1），$Q>0.3$（经验值）时，就意味着得到的网络社团结构是显著的。一般来说，当 S 值大于 0.7 时，说明聚类的紧密程度良好，或者说类团内部的成员比较类似，表示聚类是成功的（如图 2-3 所示），图谱基本参数见表 2-2。从表 2-2 中可以看出，国内聚类的 Q 值为 0.553 8，S 值为 0.973 1，说明该聚类图谱的效果是很好的，且可生成 15 个聚类，即#0 神经机制、#1 大学生、#2 儿童、#3 利他行为、#4 共情、#5 亲子关系、#6 同伴关系、#7 决策、#8 青少年、#9 反应能力、#10 同伴接纳、#11 合作行为、#12 合作、#13 学前儿童、#14 互利性（见表 2-3）。国外聚类的 Q 值为 0.248 9，S 值为 0.712 7，说明聚类效果是比较好的，且可生成 11 个聚类，即#0 empathy、#1 children、#2 cooperation、#3 model、#4 work、#5 aggression、#6 prosocial behavior、#7 altruism、#8 social cognition、#9 oxytocin、#10 family structure（见表 2-4）。这些聚类标签为研究者展现了当前亲社会行为领域的研究轮廓，同时 CiteSpace 软件还整理出了各聚类标签的详细信息。

表 2-3 国内亲社会行为研究热点词汇聚类及分布

聚类序号	聚类标签	关键词（按关键词频次高低排序）
#0	神经机制	亲社会行为、从众、个体特质、困境家庭儿童、心理困难、神经机制、长处与困难量表、感恩、幸福感、主观社会经济地位、唐氏综合征、亲子共读、家庭因素、单元教学、传播途径、微观系统、个体定向、个人与社会、人际交往、信仰启动、措施恐惧、动机研究、班级环境、信息框架、心理社会发展理论、弱智儿童、博弈论、志愿者活动、亲社会视频游戏、干预策略、中介效应、交叉滞后、信息目标、自闭症儿童、儿童行为、参与教养、判断推理、人际安全感、同伴选择、信仰取向、互利性、事实认定、慈善捐赠、亲社会价值取向、个人与社会关系、人性之善、亲社会名声、利他惩罚、原型、因子分析、农民工随迁子女、互惠动机、亲社会直觉模型、人际互动、基本心理满足、主动适应、价值引领
#1	大学生	大学生、信度、合作型亲社会行为、农村留守儿童、亲社会价值取向、心理健康、干预训练、学龄前、亲社会行为倾向、新生代、媒体、心理控制源、体育教学、效度、受众、宗教信仰、大五人格、理论依据、体育小群体、心理互助、人格特质、亲社会行为类型、儿童执行功能量表、志愿者、心理危机、传播效果、情绪启动、现实基础、发生机理、悲观人生观、教学实验、公益微电影、亲社会行为决策
#2	儿童	儿童、情绪、行为、学生、社会支持、精神卫生、农村人口、对策行为、排斥情境、环境、友好行为、一致性、关系的纳入、关系、亲社会表现、同伴群体、创伤和损伤、性别刻板印象、家庭环境、健康情况、初中流动儿童、两难问题、社会学习理论、心理、3~6 岁儿童、分离、性别排斥、受助者结果类型、亲社会损失规避、横断面调查、相关因素、传媒
#3	利他行为	助人行为、利他行为、儿童亲社会行为、移情能力、利他观念、为我、移情训练、幼儿园、为他、培养策略、积极强化、不同年级、青少年亲社会行为、忠诚保持、伦理矛盾、意向调查、利益权衡、亲社会推理、个性特质、社会道德心理、主观社会阶层、情绪反应、社会转型期、心理态度、树立榜样、人际关系取向、心理健康水平、集体主义教育、因素与对策、他人在场、随机教育、群体规范、感情移入、榜样学习
#4	共情	共情、道德、内疚、元分析、道德行为、道德情绪归因、调节效应、道德情绪判断、道德情绪、体育、利他主义、自恋、新社会行为、体育社会心理、动态模型、伦理型领导、旁观者效应、公共精神、创伤后成长、内隐联想测验、人类命运共同体、亲社会作用、同情性关心、内隐利他、个人危难、公益广告

表2-3(续)

聚类序号	聚类标签	关键词（按关键词频次高低排序）
#5	亲子关系	社会行为、人际信任、中介作用、亲社会倾向、幼儿、亲子关系、内群体偏好、独裁者博弈、学校适应、中小学生、公平分配行为、利他亲社会行为、个性特征、教养方式、多水平分析、同伴接受、儿童社会行为、公平偏好、人际宽恕、信息型从众、同伴接受性、内源性羞耻、家庭情绪表露、学习行为、师生关系、亲子亲合、多元回归分析
#6	同伴关系	同伴关系、攻击行为、亲社会性、一般学习模型、情绪感情、儿童社会化、五因素理论、优化、游戏、同伴接受性、个体社会化、归因分析、一般攻击模型、社交地位、孤立性、存在的问题、儿童社会性发展、儿童社会学、亲社会游戏、攻击性、同伴拒绝
#7	决策	移情、影响因素、亲社会动机、心理机制、社会转型、学龄前儿童、同伴评价、人性态度、社会特性、犯罪化、性别、学前儿童社会教育、科学型决策模式、儿童发展、动机功能、激励方法、习惯型决策模式、信息功能、工作效率、医护人员、见危不助
#8	青少年	青少年、亲社会、亲子状态、主观幸福感、网络亲社会行为、互惠、原型概念结构、博爱、交叉滞后分析、同伴依恋、不良同伴交往、焦点群体访谈、认同、互动模型、亲环境、原型理论、孤独、测评维度、初中生亲社会行为、仁爱、宽恕教育、亲社会行为干预
#9	反应能力	价值观、主客体关系、同伴交往、价值取向、社会赞许性、合租技能、态度、印象管理、合作性、互补型、动机、内部控制、合作与竞争、依恋关系、决策能力、交互作用、内部道德、个体品德、利他取向
#10	同伴接纳	同伴接纳、心理理论、社会性、小学儿童、学习困难儿童、同理心、学业成绩、个别差别、社会情境、谦虚行为、同伴团体、学业成就、情绪理解、二级错误信念、个人领域、社会信息加工、同伴拒斥、幼儿发展
#11	合作行为	帮助行为、信任、社会阶层、人际意识、互动对象阶层、决策判断、分享行为、学会关心、分享观念、安慰行为、学生道德教育、当代转型
#12	合作	合作、同情心、分享、助人、培养、安慰、公平、互助、同情心教育、“伪分享”、利己、分享教育、谦让、社会戏剧性游戏、共生演化、利他利益
#13	学前儿童	自然观察、婴儿期、亲社会行为意向、教育、多动症、暴力史、发展特点、儿童发展研究、学前儿童、侵犯行为、临床水平、事件取样、模型假设
#14	互利性	网络空间、公共讨论、公共话语、受欺负者、区域物流网络、微博客、中国心理学会、创造性人才、儿童心理学、创造型人才

表 2-4 国外亲社会行为研究热点词汇聚类及分布

聚类序号	聚类标签	关键词（按关键词频次高低排序）
#0	empathy	prosocial behavior、empathy、altruism、adolescence、motivation、emotion、self、attachment、perspective、young children、perspective taking、competence、helping behavior、response、sympathy、experience、distress、pro-social behavior、preschooler、gratitude、preschool children、temperament、compassion、style、mindfulness、rejection、acceptance、link、discipline、determinant、emotion regulation、empathic concern、social exclusion、meditation、attention、information、stranger、agreeableness、emotionality、development、Chinese、skill、awareness、creativity、effortful control、stability、parenting practice、preschool、positive emotion、autonomy support、elementary school children
#1	children	children、adolescent、adjustment、association、antisocial behavior、gender difference、family、aggressive behavior、validation、mother、boy、social competence、middle childhood、power、friendship、physical aggression、early childhood、conflict、questionnaire、academic achievement、early adolescence、program、bidirectional relation、conduct problem、dominance、pattern、socioeconomic status、African American、Hong Kong、child、spirituality、sex、middle school、peer relationship、rating、emerging adult、of fit index、early adulthood、developmental change、personal distress、family and classroom social environment、peer status
#2	cooperation	cooperation、evolution、fairness、social behavior、decision making、identity、reciprocity、trust、culture、prosociality、preference、dictator game、sex difference、dimension、psychology、punishment、commitment、citizenship behavior、shame、social preference、reputation、morality、morality、job satisfaction、expectation、bias、charitable giving、competition、choice、infancy、indirect reciprocity、altruistic behavior、game theory、public good、intergroup relation、behavioral economics、differential susceptibility、home intervention、equity perception
#3	model	gender、model、individual difference、attitude、depression、social support、anger、parenting、people、mediation、donation、organization、consistency、identification、judgment、altruistic personality、incentive、need、meta-analysis、moral behavior、exclusion、moral emotion、bullying、trait、intention、corporate social responsibility、differentiation、externalizing problem、social exchange、intrinsicmotivation、impression management、procedural justice、intergroup conflict、conduct disorder、dispositional empathy、life event、anger bias、addiction severity index、adolescent offender、emotional empathy

表2-4（续）

聚类序号	聚类标签	关键词（按关键词频次高低排序）
#4	work	perception、performance、prosocial、predictor、consequence、scale、helping、impact、stress、organizational citizenship behavior、antecedent、support、intrinsic motivation、orientation、communication、self determination theory、climate、internalization、satisfaction、mood、reward、leadership、self control、brain、inequity、expression、well-being、ethical leadership、positive affect、imitation、perceived motivational climate、cognitive control、achievement goal、affiliative citizenship、self-determination theory
#5	aggression	aggression、childhood、metaanalysis、cognition、moral identity、violence、media、victimization、friend、exposure、resilience、video game、moral disengagement、psychopathology、moral judgment、media violence、cyberbullying、physical education、disorder、prejudice、affiliation、ingroup、information processing mechanism、television、hyperactivity、desensitization、arousal、machiavellianism、impulsive aggression、boys play group、animal-assisted program、catastrophe、peerrelation、maltreatment、angry children、irritability、animal abuse、children and adolescent、dutch children、child maltreatment
#6	prosocial behavior	prosocial behaviour、socialization、self esteem、parent、mind、prosocialbehavior、tendency、involvement、participation、mexican american、context、delinquency、age、mediating role、adult、parenting style、longitudinal relation、discrimination、knowledge、aggressiveness、american、social identity、disability、acculturation、mexican american adolescent、5 factor model、longitudinal、conversation、self-concept、religion、race、language、disengagement、difficulty、inventory、social anxiety、depressive symptom、civic engagement、adolescent development、positive youth development、collective efficacy、child social skills training、acculturativestress、familial connectedness、antisocial behaviour、cultural collectivism
#7	altruism	personality、intervention、difficulties questionnaire、strength、mental health、trajectory、fit index、risk、achievement、health、life、quality、validity、attention deficit/hyperactivity disorder、externalizing behavior、volunteering、measurement invariance、physical activity、music、peer attachment、memory、intelligence、self efficacy、security、education、violent video game、care、childrens empathy、ability、media effect、onset conduct problem、classroom、mortality、randomized controlled trial、protective factor、social interest、moral reasoning、planned behavior、child rating scale、empathy altruism hypothesis、aggressive thought、big 5 questionnaire、background music

表2-4（续）

聚类序号	聚类标签	关键词（按关键词频次高低排序）
#8	social cognition	value、infant、peer、relational aggression、happiness、belief、social status、popularity、peer relation、social cognition、moderating role、life satisfaction、network、social development、individual、engagement、prosocial behaviour、god、synchrony、organizational citizenship、priming、theory of mind、emotion recognition、individualism、depletion、internet、executive function、attribution of responsibility、early school adjustment
#9	oxytocin	other、oxytocin、anxiety、environment、chimpanzee、autism、toddler、play、polymorphism、neural circuitry、vasopressin、amygdala、social interaction、challenge、heritability、alpha、activation
#10	family structure	school、youth、drug use、family structure、substance use、extracurricular activity、impulsivity、divorce、individual difference、contraceptive use、black adolescent、emotional disorder、behaviour problem

四、国内外亲社会研究的热点主题与内容

表2-3和表2-4中反映出的聚类节点明细的相关信息，虽然能够直观反映出国内外亲社会行为领域的研究方向，但是仍然无法准确展示该领域的核心研究主题和具体的研究内容。因此，为了更加清晰地解读国内外亲社会行为的研究情况，需要进一步对其进行人工整理。经过整理后发现，国内外亲社会行为研究的聚焦点主要表现在以下几个方面：

（一）亲社会行为

亲社会行为的概念最早是Weisberg在1972年出版的《社会积极形式考察》中首次提出的①。Weisberg认为，亲社会行为就是希望社会或他人得到益处的行为，无论实施主体的初衷是同情、分享、捐赠帮助，还是自我牺牲等，均可认为是亲社会行为②。随着对亲社会行为的研究逐渐增多，学者们从不同研究角度对其概念进行了界定。Rushton等（1981）从较为广泛的层面对亲社会行为进行了界定，认为一切有益于他人的行为都可以被当作亲社会行为，而

① 陈丽锦. 大学生人格特质与亲社会行为的关系研究：道德判断能力的调节作用［D］. 海口：海南师范大学，2020.

② 寇彧，付艳，张庆鹏. 青少年认同的亲社会行为：一项焦点群体访谈研究［J］. 社会学研究，2007（3）：154-173，245.

不用考虑个体的动机。而 Krebs 和 Hesteren（1994）则认为亲社会行为是一个连续体，这个连续体的两端就是自我利益和他人利益，最大化他人利益的方向被认为是亲社会行为的理想模式，但也不否认亲社会行为的自我利益。也就是说，在这个连续体里面是认可亲社会行为中的自我利益的，亲社会行为是自我利益和他人利益的组合体，不同的亲社会行为只是两种利益所占的比重不同而已。

随后 Wedekin 和 Braithwaite（2002）在互惠理论中提到，亲社会行为是互惠的，并且存在于个体之间。也就是说，个体可能会暂时牺牲自身利益以求在现在或者未来某个时刻能够得到相应的回报。这其实是一种利己倾向，把亲社会行为的动机或目的置于自身获益之中，即使这种获益是未知的①。Crisp 和 Turner（2008）在《社会心理学精要》中指出，所谓亲社会行为就是在特定社会中通常为他人赞赏的行为，很多行为可以被归为亲社会行为，像友谊、慈善、牺牲、合作等。

为了更好地定义亲社会行为，有的学者们把亲社会行为、利他行为，以及助人行为进行了比较。亲社会行为、利他行为、助人行为都可以理解为“对他人有利的行为”。它们似乎是从社会心理学中分离出来的两个术语。亲社会行为可以被认为是为了他人而采取行动，利他行为是指无私的动机所做的行为（Baston，1998），利他行为和亲社会行为虽然在字面上的意义上有区别，但是无论是对于实施行为的人而言，还是就行为结果来看，它们都是对他人有利的行为（Marsh，2004）。Taylor 等（2005）在其著作《社会心理学》中就依照社会心理学理论，对亲社会行为下了定义，认为亲社会行为是一种有利于他人的助人行为，并且是一个连续体，包括从最无私的利他行为到完全被自己利益驱动的助人行为②。

在亲社会行为的表现方式方面，由于场景不同，行为的表现也可能不同③，但这些行为都具有一个相同的行动目标，就是让他人或者社会受益。Sarason 等（1983）认为亲社会行为是一种符合社会期望的有益行为，这种行为包括合作、分享等。Eisenberg 等（1998）则认为亲社会行为要素为工具性

---

① 王旭升. 大学生安全感、价值观与亲社会行为的关系研究［D］. 石家庄：河北师范大学，2019.

② 池应华. “见死不救”行为的事实认定与法律评价：社会心理学关于亲社会行为理论的启示［J］. 法商研究，2005（6）：13-17.

③ 寇彧，张庆鹏，付艳. 原型理论视野中的亲社会行为研究［J］. 心理与行为研究，2008（2）：137-143.

帮助、捐赠、分享、安慰，以及友善与关心五种行为。Eisenberg 等（2004）通过对之前的研究进行总结，对亲社会行为的方式进行了概括，认为亲社会行为是个体在社会交往中所表现出来的帮助、合作、分享、安慰等一切有利于他人和社会和谐的行为及趋向①，是个体社会性发展的重要方面。

在亲社会行为动机方面，美国著名发展心理学家 Mussen 和 Eisenberg（1977）认为，个体在做出亲社会行为时是具有一定倾向的，即倾向于帮助他人或者使得他人或群体受益，而又不期望得到外在的奖励，同时行为者却需要付出某些代价，如冒险或自我牺牲。Simons-morton 等（1999）认为个人在做出亲社会行为的时候是具有亲社会行为意向的。亲社会行为意向是指个人以他人的利益为出发点，为满足他人需要进而表现出的无私行为的选择倾向。

从进化的角度来解释动物及人类表现出来的亲社会行为，逐渐形成了一个进化理论体系，该体系包括亲缘选择理论、群体选择理论、互惠理论等②。在亲缘选择理论中，Barrett 等（2002）认为，相对于无关的人，个体更倾向于帮助亲属。在群体选择理论中，De Dreu 等（2010）则认为当资源被群体内成员而不是群体外成员共享时，人们更愿意合作，因此在群体内外的成员处于同样的需求情境时，个体更愿意帮助群体内成员。“互惠理论”的概念最早是由 Trivers（1971）提出的。在互惠理论中，他将利他也定义为一种帮助他人的行为，并认为，虽然亲社会行为会给个体带来损失，但也会带来利益，利益有时是即时的，有时是延迟的。但是这种互惠理论并不能解释全部的亲社会行为，因为有的亲社会行为不会带来即时的利益，且以后可能也不会有所回报。于是，Gintis（2000）提出了“强互惠”（strong reciprocity）的概念。“强互惠”不仅能够预测个体与他人合作的倾向，还会预测个体对违反合作规则的人进行惩罚的倾向，即使这种惩罚会让个体自身付出代价，而且可能也不会有回报③。

从亲社会行为类型方面来看，Rosenhan（1981）等认为从行为动机和后果出发，将亲社会行为划分为两种：一是自发的亲社会行为，即动机是关心他人的亲社会行为；另一种是常规性的亲社会行为，即对自身有利或有好处（如

---

① 仇勇，姜蓓蓓，田雅琳.“90 后”大学生的亲社会行为：现状、影响因素及辅导策略［J］. 现代教育管理，2015（8）：105-109.

② 肖凤秋，郑志伟，陈英和. 亲社会行为产生机制的理论演进［J］. 心理科学，2014，37（5）：1263-1270.

③同②.

避免惩罚等）的亲社会行为[1]。而 Carlo（2002）在研究中对于亲社会行为的划分得到了广泛的认同。其将亲社会行为的生态、个体及社会影响相结合，划分出了六种类型的亲社会行为，分别是公开的亲社会行为、匿名的亲社会行为、利他的亲社会行为、依从的亲社会行为、情绪的亲社会行为，以及紧急的亲社会行为[2]。

在行为目标群体方面，社会化取向的研究者把亲社会行为划分为针对父母、同伴以及陌生人的行为，用以研究家庭及学校中的社会化对亲社会行为塑造的作用（Kumru et al.，2004）。Penner 等（2005）认为亲社会行为可以被理解为个体或组织广泛社会行为中的一种助人行为，其本质就是个体或群体在他人遇到困难或需要帮助的时候提供帮助。个体或群体的助人行为多种多样，主要分为四种：一是志愿服务，二是协作，三是长期援助，四是无意识的帮助。志愿服务是个体或群体在日常生活中抽出时间来有意识地给需要帮助的个体或群体提供帮助，它是一种更加稳定的和有计划的助人行为。例如，人们自愿组织起来修建房屋给那些需要的人。协作行为指的是两个平等的个体或群体为实现共同的目标而合作，在合作的过程中双方都获利。例如，在组织遭受巨大损失之前，个体或群体合作使组织免受损失。同时，合作的个体或群体双方都能得到好处。志愿服务和协作行为也可能是帮助陌生人的助人行为，也就是说即使双方互不认识或知之甚少，个体或群体也会提供帮助。长期援助指的是在法律上、道德伦理上或家族上提供长时期的帮助。一个典型的例子就是，一个家庭成员或整个家庭给另外一家遭受疾病的家庭成员提供帮助。这种帮助可能是几个月，也有可能长达数年之久。最后一种是无意识的帮助，这种帮助可能是随机的，没有事先预告的，通常发生在紧急情况之下（Dennis，2009）。

对于亲社会行为的研究，我国学者最早主要注重对西方相关理论和实证研究的介绍，并且取得了一定的成绩。早期国内关于亲社会行为的研究，其对象多半是儿童，而对儿童以外群体的亲社会行为研究则极少（殷方敏，2006）。这种情况在最近十年的研究中才逐渐有所转变，研究对象慢慢拓展至青少年和大学生群体[3]。

---

① 师晓娟. 参考群体对大学生亲社会态度和行为的影响研究：以西藏自治区大学生为例［D］. 拉萨：西藏大学，2011.

② 丁芳盛. 大学生亲社会行为主观助人动机和社会干预探讨［J］. 浙江海洋学院学报（人文科学版），2009，26（2）：119-122.

③ 王旭升. 大学生安全感、价值观与亲社会行为的关系研究［D］. 石家庄：河北师范大学，2019.

国内学者们根据国外研究者们对亲社会行为的界定，进一步对亲社会行为给予了定义。张文新（1999）将亲社会行为界定为能够对现实社会产生积极作用或者使得他人获益的行为。王美芳（2000）在研究中分别从社会规范、社会期望的角度对亲社会行为的界定及内涵进行探讨。她认为亲社会行为既是一种社会认可的行为，又是一种社会规范，是符合社会期望的有益行为。寇彧和王磊（2003）则从亲社会行为的利他属性和社交属性对亲社会行为进行定义，认为亲社会行为是有利于他人和促进人际协调的个人志愿行为。黄希庭（2004）在《简明心理学辞典》中将亲社会行为描述为符合社会规范且对社会交际和人际关系有积极作用的行为，包括分享、同情、合作、帮助等内容。

国内学者们也从不同的视角和领域对亲社会行为进行了探究。从概念原型理论视角出发，寇彧等（2008）分析了将原型理论纳入青少年社会行为研究的可行性，利用原型理论探讨了青少年对亲社会行为的概念表征问题，并提出根据青少年的亲社会行为的概念结构，构建亲社会行为测评体系。在亲社会的具体行为方面，定险峰和刘华山（2011）认为，亲社会行为主要指慈善捐助行为，即将有价值的东西赠予别人并使其受益的行为，包括各种捐赠、救济、募捐和施舍等。由于慈善捐助行为既是社会责任的一种象征，又是社会进步的主要指标，更是社会保障体制构建的基础，捐助行为也由此成为亲社会行为中的一类典型行为①。

从社会道德的视角出发，雷娟等（2015）发现个体对社会道德规范的认同度以及遵循度能够正向预测个体的亲社会行为倾向，即对社会道德规范的认同性越高的个体，行为就越会受到道德的约束，从而表现出更多的亲社会行为；同样，在处理人际关系和社会事务时，个体若能严格要求自己，从道德的层面出发，则更容易表现出亲社会行为。寇彧（2005）认为，青少年群体认同的亲社会行为已经远远超出传统研究所涉及的范围，青少年更关心遵规的、调节的、爱护环境的、公益活动的和能获得他人赞许的亲社会行为。李秀丽（2006）认为，国内的早期研究对亲社会行为的稳定性、一致性和可塑性缺乏清楚认识。因为早期研究注重个体的内在道德价值因素，多进行的是横向研究，缺少多变量、交互的研究方法，以及纵向和个案研究内容。

从亲社会行为类型方面来看，寇彧等（2007）研究发现，青少年提名的43类中，传统的助人、安慰、分享、利他等亲社会行为占43.68%，协调关

① 宋仕婕，丁凤琴．不同移情能力大学生亲社会行为的道德启动效应［J］．教育学术月刊，2016（03）：71-76，84.

系、个人特质、维护公众利益和亲情养育等行为占56.32%；不同类别学校的青少年的家庭社会经济地位差异显著；不同年级青少年提名的亲社会行为的频次分布在整体上不存在差异；女生提名的关系型社会行为显著多于男生。丛文君（2008）研究发现，大学生所理解的社会行为类型中，自我报告最多的是利他亲社会行为，接下来依次是：紧急、情绪、依从、匿名和公开亲社会行为。丁芳盛（2009）以调查问卷的方式随机考察大学生亲社会行为的主观助人动机。调查发现大学生主观助人动机主要受社会规范学习和互惠规范影响，其次受社会交换理论以及移情和利他主义假设的影响。大学生主观陈述时首选助人动机为满足精神愉悦感。

从亲社会行为动机方面来看，俞国良（1999）认为，亲社会行为包括所有对他人和社会有利的行为，以及这一范围内的典型行为。同大多数研究亲社会行为的学者一样，他从社会认知角度把亲社会行为看成是一个连续体。把亲社会行为看作动机、环境线索因素、行为者对环境的认知、可供选择的行为反映这些变量的函数，即亲社会行为决定于上述主变量和其次变量及它们之间的关系。郑丹清（2019）也认为亲社会行为中包括了利他行为，这种行为完全是由于对他人的同情或者是渴望坚守已经内化了的处在心灵深处的标准而激发的亲社会行为。同时，亲社会行为也是个体社会化的一个重要表现，是人在一定的社会环境中通过所接受的教育而在生活和心理方面获得发展，从而为了形成适应社会的人格并得到社会认可所变现的一种行为方式。

综上所述，本研究认为，大学生亲社会行为就是在特定社会中通常为他人赞赏的行为。很多行为可以被归为亲社会行为，像友谊、慈善、自我牺牲、合作等。助人行为（helping behavior）也可以归为亲社会行为，是指人们以一种他们认为有益于他人，同时也能有利于自身的方式，自愿且有意做出的行为。由于助人行为必须是有意的，因而该定义排除了那些偶尔而非特意有利于他人的行为，比如意外丢了钱，后来恰巧被他人发现。此外，由于助人行为必须是有意实行的，也就排除了那些表面似乎是要帮助他人，但事实上却完全是为了自私目的而做出的行为。利他行为（altruism）则是一种更加特殊的助人行为，指有利于他人但却不期望任何个人利益的亲社会行为（Crisp 等，2008）。

（二）关于亲社会行为中参考群体的研究

参考群体理论诞生于早期的社会心理学理论。1890年，威廉·詹姆斯（William James）在其著作《心理学原理》中对“社会我”进行解释时指出，人不但是群居的动物，喜欢亲近同类，而且有一种喜欢被同类顺利关注的天性。他认为，个体有许多种不同的社会我。对于不同的群体，个体会展现出社会我中不同的一面。这事实上暗示了多种参考群体存在的理论概念。1902 年，查尔斯·霍顿·库利（Charles Horton Cooley）在其著作 *Human Nature and the Social Order* 中提出的关于参考群体的定义却有所区别，他认为“人与人之间相互可以作为镜子，都能照出他面前的人的形象”，即“镜中我”的理论。但 Dewey（1927）在其论著 *The Public and Its Problems: An Essay in Political Inquiry* 中提出了与詹姆斯相似的概念界定，他提出的参考群体的概念，其也暗示了多种关于参考群体的概念。他指出，个体在不同组织中，其身份也不同，一个人在某件事上可能是基督教徒，而在另外一件事上可能是商业组织成员。

虽然早在 20 世纪，学者们就开始对参考群体进行研究，并对其做出相应的概念界定，但是海曼（Herbert H. Hyman）却是第一个在文中使用“参考群体”这个术语的人，他在关于社会地位的研究中问及被试者如何将自己同他人进行比较时第一次提出了参考群体的概念①，并认为每个人对自己都会有主观上的评价，有自己归属的阶层。这实际上就是主观地位或是自我地位的观念，这种观念是自己与他人相互对比所形成的，也就是基于比较所产生的感觉。在海曼首次提出“参考群体”的概念后，不断有学者在此基础上进行深入探讨②，例如霍金斯等（2000）则从更宽泛的层面对参考群体进行界定，认为参考群体是在某种特定的情况下，可以作为个体向导而使用的群体。Pentian 等（2008）在其研究中将参考群体定义为对个人的期望、判断或行为有重大影响的个体、群体或机构。Eduardo（2011）在对前人对参考群体的定义进行总结时，认为参考群体是个体在进行社会比较时所参照的群体。

Cooley（1964）从不同层面对参考群体进行了分析，认为参考群体中包含自我的概念，主要有三个方面：个体想象在他人心目中自身是什么形象；对自身形象判断的构想；一些自我的感觉，如自豪或自卑等。人们对某事感到自豪或惭愧，不仅仅是机械的自我反射，还与他人心目中对自我的看法的想象有关（Cooley，1964）。Bowen 和 Blackmon（2003）在研究中也发现了团体中的个人如果能得到他所在的组织的支持则会更倾向于说出他自己的观点。这说明，在交往的过程中，我们不仅会察觉别人对我们言行的反应，亦会不自觉地扮演对方，以及想象对方如何看待我们，这些猜想都会影响我们如何看待自己，以及如何去构建自己的形象。并且，我们在日常生活中，都会形成对事物的种种期

---

① 刘婷．参考群体的不同信息对金融投资者行为模式差异的影响研究［D］．成都：西南财经大学，2011.

② 黄铃岚．消费者知情购假行为：感知风险、参考群体、购假意愿的影响［D］．成都：西南财经大学，2012.

待、评价和判断，而这种期待、评价与判断必然会有一个参考群体与我们自身进行比对，只有和与自己同质性强、具有相似人生经历的他人做比较，我们才能确定合适的、理性的和容易达成的个人目标①。随后布莱克韦尔等（2009）在《消费者行为学》中对参考群体下了较为明确的定义：参考群体是指任何对其他个体行为能够产生重要影响的个人和群体。这一群体的价值观、态度、行为和准则会影响其他个体的评价、行为和欲望。参考群体可能是个人，如名人、运动员和政要等，也可能是个体所认同的群体，如摇滚乐队、政党、体育团体等。大多数人会对与群体共识相矛盾的行为持反对态度，而年轻人则比老年人更希望得到同龄人的认可②。

随着对参考群体研究的深入，学者们根据参考群体的不同定义对其进行了分类③。Kelley（1952）将参考群体分为规范参考群体和对比参考群体。Shibutani（1955）表述了三种参考群体：第一种是个体对比和对照的参考群体；第二种是个体渴望得到或保持认可的参考群体；第三种是构成个体参考系的参考群体。Turner 等（1987）则根据是否能够与被参考群体进行直接互动而将参考群体分为两类：一是规范性的参考群体，即由父母、教师、朋友等角色构成，这种参考群体通过直接的互动过程影响个体的规范、态度和价值观；二是比较性参考群体，如体育英雄、娱乐明星，这类群体是成功的象征，但其行为只能观察而不能与之进行直接的互动。科特勒（2003）提出了具有代表性的分类，将参考群体分为成员群体和非成员群体。成员群体包括主要群体和次要群体；非成员群体包括渴望群体和规避群体。

在诸多参考群体的分类中，多数学者赞成将参考群体分为归属性与非归属性参考群体。这种分类类似于 Cocanougher 和 Bruce（1971）所做的区分：一是社会接近性网络群体，个体在这种群体中受到指教影响；二是社会性距离群体，个体的社会环境对个体产生影响。Bearden 等（1989）认为，这种区分是有必要的，第一类参考群体可以产生直接的互动影响，而第二类参考群体则可提供对公众行为进行审视的机会。

国内的学者对参考群体的研究，多限于其对消费者行为的影响。如吴臻

---

① 王文涛．“活在脚下”：重庆 F 区街头修脚女工的自我认同建构［J］．湖北民族大学学报（哲学社会科学版），2020，38（6）：68-75．

② 师晓娟．参考群体对大学生亲社会态度和行为的影响研究：以西藏自治区大学生为例［D］．拉萨：西藏大学，2011．

③ 刘婷．参考群体的不同信息对金融投资者行为模式差异的影响研究［D］．成都：西南财经大学，2011．

（1988）在其研究中指出了人类最特殊的一个特征，即人是社会性的动物。人在一生中，大部分活动是与别人共同进行的，所属的群体塑造了他们的个性和行为。作为消费者的人，他们的消费行为看上去似乎是孤立发生的，但却脱离不了其他人的影响。社会群体作用于消费者的价值观念、行为准则，无时无刻不在影响消费者的消费决定。这就使得在研究消费者行为的过程中，不能忽视社会群体的重大作用。张剑渝和杜青龙（2009）通过分析消费者社会认同、自我归类、认知偏差与参考群体的关系，得出参考群体对于具有场独立性、场依赖性两种认知风格的消费者是否存在影响作用的差异。彭茜等（2009）则阐述了参考群体行为倾向对销售人员灰色营销行为倾向的影响。

此外，还有学者从家庭和学校两个方面对亲社会行为中的参考群体进行研究，哈斯克尔等（1985）认为家庭是青少年的第一参考群体。同时，张璟等（2020）在其研究中也提到了家庭是个体社会化的载体，青少年在与家庭成员的接触中，会通过观察学习的方式习得他人的价值观、态度、认知方式和行为习惯。而学校是青少年的第二参考群体，因此防止未成年人犯罪，需要不同的参考群体共同作用。

国外学者主要是在社会学、社会心理学领域对参考群体进行研究，并对参考群体做出了理论解释和分类。但诸多学者的研究并没有给参考群体做出一个相对固定和清晰的概念解释。而在消费者行为学领域，却对参考行为有着较为清楚的界定，故本研究选用消费者行为学中对参考群体的概念界定。

另外，国外许多学者对参考群体从不同的角度进行了分类，本研究结合研究背景，倾向于 Turner 等（1987）对参考群体做出的分类，即一种是规范型参考群体和比较型参考群体，一种是归属性参考群体和非归属性群体。第一种分法可能容易出现个体交叉重叠的问题。虽然说归属性群体和非归属性群体也不能完全被区分开，但较第一种分法更易于研究和操作。本研究结合研究目的，选择了第二种分法，将参考群体分为归属性群体和非归属性群体进行研究。

国内的学者对参考群体的研究，多限于其对消费者行为的影响。本研究立足于研究当代大学生的社会行为，故其参考意义不大，因此不做过多评述。

（三）关于亲社会行为影响因素的研究

情景因素论认为，情景因素可以很好地对亲社会行为进行预测。一项关于旁观者效应的调查研究证实了多种情景因素决定了人们是否对需要帮助的人提供帮助。旁观者效应最初来自 Latane 和 Darley（1968）对一位名叫 Kitty Genovese 的妇女的凶杀案情景的调查研究结果。很多邻居在公寓楼中看着 Kitty

Genovese 被残忍地打死。这期间，不仅没人站出来援助或抓凶手，也没有人打电话报警。对凶杀案目击者的调查显示，目击者并非无情或胆怯，而是他们不明确到底发生了什么事，而且既有目击者都认为一定有人已经采取行动帮助 Kitty Genovese。后来的研究证明，当求助的信息不明确的时候，或提供帮助可能带来风险的时候，尤其是旁观者出于某种原因希望其他人提供帮助或认为已经有人提供帮助的时候，亲社会行为发生的可能性就会降低①。

除了情景因素之外，动机也是影响每一类亲社会行为的因素。Carlo 和 Randall（2002）将亲社会行为放在具体的社会情境中进行分类，主要分为利他的、情绪的、紧急的、依从的、匿名的和公开的六种类型。而 Carlo（2014）在之后的研究中根据六种类型对亲社会行为的动机进行了划分，认为前五种亲社会行为主要是由内部动机激发的，而公开的亲社会行为则是由外部动机激发。即利他的、情绪的、匿名的、依从的、紧急的亲社会行为主要由共情的、内化的价值或原则等内部动机激发，而公开的亲社会行为主要由获得社会认可、金钱、享乐和避免惩罚等外部动机激发（Carlo et al.，2003；Carlo et al.，2015）。甘琳琳和佐斌（2006）认为，亲社会行为的各种动机理论把可能影响亲社会行为动机的各种因素有机地统一在亲社会行为的整个过程之中，包括亲社会行为情感、认知、人格、生物学因素和社会因素等。因此，各种亲社会行为动机理论是对亲社会行为研究成果的总结和提高，对我们进行亲社会行为的研究具有一定的理论指导意义。

移情是亲社会行为的重要影响因素。在移情假设理论中，个体对受助者的移情关怀是导致助人行为的根本原因②，Eisenberg（1999）等认为，移情是产生同情他人的动机基础，通过“移情—同情—亲社会行为”这一模式，实现对助人行为的影响。Hoffman（2000）指出，移情是亲社会行为的重要动机源之一，也是亲社会行为发生的前提条件。韩丽颖（2005）认为移情能力高的个体会表现出更多的助人行为。随后，朱丹等（2006）通过研究发现，移情的唤醒程度不同，亲社会行为的表现水平就不同。章滢（2005）和何安明（2007）在对大学生的亲社会行为与移情关系进行研究后发现，大学生亲社会行为和移情能力呈极其显著的正相关关系，这对促进大学生移情能力以提高其亲社会行为提供了具体的理论依据。Batson（2014）的移情—利他主义假说认为，当我们对一个人产生移情时，就会出于纯粹利他主义的动机来帮助这个

---

① 师晓娟. 参考群体对大学生亲社会态度和行为的影响研究：以西藏自治区大学生为例［D］. 拉萨：西藏大学，2011.

② 丛文君. 大学生亲社会行为与人格特质的关系［J］. 江西社会科学，2014，34（2）：245-249.

人，即移情能构建自己同他人的情感体验、他人福利的普遍联系，移情是亲社会行为的源泉。彭秀芳（2006）通过研究表明移情是一种复杂的社会化情绪体验。大学生的移情特质包含四个子结构（它们之间相互作用），积极人格对移情及其子结构有明显的预测功能。移情因素和情境因素对亲社会行为有明显的影响和预测功能，移情体验的产生包含两条不同的路径。观点采择对亲社会行为有显著的影响。寇彧和徐华女（2005）认为，移情对亲社会行为决策具有动机功能和信息功能。移情的动机功能依赖于诱发移情的情境，而信息功能具有稳定的倾向性，比动机功能更持久，两种功能的共同作用使移情在亲社会行为决策中具有更强的适应性。移情功能理论对道德教育具有启示作用①。

信息对亲社会行为产生影响。Deutsch 和 Gerard（1955）为了有效解释"光点移动"实验，提出社会影响来自两个方面：信息影响（informational influence）与规范性影响（normative influence）。信息影响是指亲社会行为比较复杂时，人们对自己的行为没有把握时希望获得信息，而参考群体提供的信息具有较高的可信度。如施救落水儿童，如果存在不同的参考系（如自己的朋友曾经成功救起落水儿童或因为救落水儿童遇难），就可能产生不同的行为。研究者们（危敏，2007；师晓娟，2011）认为，求助信息被感知可以提高亲社会行为的可能性。当求助信息被感知时，感知者在精神上模仿或重构求助者痛苦的经历情景，产生同情心，从而提高亲社会行为的可能性。求助信息（恐惧的或悲伤的信息）被感知是亲社会行为的可靠前提。而且，有关旁观者效应的研究也支持着这种观点。旁观者之所以忽略提供帮助，原因之一就是他们对求助信息的不明确或者是提供帮助可能会带来危险。同情心可以被定义为为了他人的感情。而亲社会行为是为了他人的行为。由此，同情心和亲社会行为之间的关系就显得清晰明了了。同情心是亲社会行为和利他行为的最主要的激励因素（Marsh，2004）。

环境和情境对亲社会行为产生影响。诸多研究表明，外在的社会因素和内在的个体因素是影响亲社会行为的两大方面（肖凤秋 等，2014），而家庭环境是影响亲社会行为最主要的外在因素，且家庭环境中包括的众多因素都会影响到个体的亲社会行为，例如亲子关系、家庭教养方式、家庭氛围等。魏曙光等（2017）在研究家庭环境对大学生亲社会行为是否具有中介作用时，发现家庭环境可以通过影响个体的共情能力，进而影响亲社会行为，这表明良好的家庭

---

① 师晓娟. 参考群体对大学生亲社会态度和行为的影响研究：以西藏自治区大学生为例[D]. 拉萨：西藏大学，2011.

环境可以增强个体的共情水平，从而间接提高亲社会行为水平。程琪等（2016）通过对家庭教养方式对亲社会行为影响的研究发现，温暖、支持性的、具备行为指导的家庭教养方式对亲社会行为具有显著的正向预测作用。高树昱和李庆功（2005）简要回顾了亲社会行为研究的历史，认为早期的亲社会行为研究注重情境因素对亲社会行为的影响，而忽视了内部因素的影响。进入20世纪80年代，认知、情感和人格特征等内部因素引起了研究者的兴趣。20世纪90年代以来，SIP模型在亲社会行为的研究中得到应用。陈宇海（2007）认为，青少年生活的宏观社会环境中一些消极因素的影响，青少年社会化关键因素中一些负面作用的影响，以及青少年自身成长中存在的一些不健康心理因素的影响，使部分青少年亲社会行为出现缺失。社会可以采取适当的干预方法来训练和培养青少年的亲社会行为，如移情训练法、榜样示范法、归因训练法、行为强化法等。

心境对亲社会行为产生影响。寇彧和唐玲玲（2004）认为，积极的心境会促进亲社会行为，而消极的心境则时而促进亲社会行为，时而减少亲社会行为。影响途径是通过激发动机的直接作用和认知判断的信息作用。同时，这两种影响既可以共同起作用又能独立起作用。周欣然等（2020）通过对亲社会行为和主观幸福感的研究也发现，在高幸福感、高积极情绪、良好的生活状态下，个体的亲社会行为会有所增加，并且，拥有积极情绪的个体能够更多地注意到处在困境中的他人，并促进移情，进而更容易产生亲社会行为，而消极情绪高的青少年也会被更少提名为亲社会行为者。

道德对亲社会行为产生影响。迟毓凯（2005）的研究得出7个结论，考察并验证了道德能够促进助人行为：一是考察了不同的启动任务下内隐的旁观者启动效应，验证了旁观者效应中的“责任分散假设”；二是“因果报应”观念的启动都会对随后的亲社会行为产生积极影响；三是道德对潜在助人者情绪和行为的影响；四是朋友对助人行为起着促进作用；五是东方文化对亲社会价值取向的影响，表明母亲对亲社会行为有着更高的影响度；六是通过对道德样例（雷锋）和非道德样例（马加爵）进行比较，得出没有明显区别；七是对社会价值取向和道德认同两种人格因素对助人行为的影响进行了调查。结果发现，道德认同是助人行为的重要影响因素。余宏波和刘桂珍（2006）认为，亲社会行为的发生是一个涉及许多因素共同影响的复杂过程，并基于移情、道德推理、观点采择这三个方面与亲社会行为之间的关系回顾了近年来的研究进展。

社会规范对亲社会行为产生影响。Crisp和Turner（2008）中指出，群体通过“规范”对群体成员施加影响。社会规范，即群体中不同成员间共识性的态度。Sherrif（1935）的“光点移动”经典实验验证了社会规范的存在，表明我们的态度或行为会受到其他人的影响（Crisp 等，2008）。规范影响是为了获得参考群体的接受或表扬，避免受到惩罚或排斥（Crisp 等，2008）。社会规范对群体成员影响因素的研究大致可分为以情境为中心的决定因素、以知觉者为中心的决定因素，以及以接受者为中心的决定因素（Crisp 等，2008）。寇彧（2005）从社会规范理论出发，认为助人行为主要取决于社会是否有责任规范和回报规范。

综上所述，影响大学生亲社会行为的因素有很多，包括情境因素、动机因素、人格、才能、移情、性别差异、接受者差异性、群体的资格等。但是，学者们基本上是从一个或其中几个影响因素入手对大学生亲社会行为进行研究的。鉴于此，本研究采用 Crisp 和 Turner（2008）提出的群体通过“规范”对群体成员施加影响，以及 Deutsch 和 Gerard（1955）提出的运用信息影响因素与规范性影响因素，研究参考群体对大学生的亲社会行为的影响。

（四）亲社会行为培养问题的研究

关于亲社会行为培养的问题，不同的学者有不同的看法。张爱社和蒋建国（2003）认为，影响亲社会行为的因素主要有行为人个体人格特征、心理状态等内部因素，以及环境等外部因素。其中群体影响和德育因素尤其重要。促进大学生亲社会行为的途径有：加强“两课”教育，提高价值教育效果。牛素枝和陈勃（2009）认为社会工作采用个案工作、小组工作和社区工作的方法介入亲社会行为的培养，可以为青少年提供必要的帮助和支持，为其亲社会行为的培养提供新的途径与方法。

李赛琦和王柳生（2020）通过对内源性羞耻与亲社会行为的关系研究，发现内源性羞耻对亲社会行为的促进效应。人们为了消除他人对自己的负面评价等不利于自身的情况，会产生具有补偿功能的、积极助人的意愿，进而促进个体亲社会行为的增加。

加强学校教育培养亲社会行为。张孝义等（2006）认为亲社会行为是个体社会化的重要标志之一，然而，大学生的亲社会行为的现状不容乐观。培养大学生的亲社会行为应培养大学生和谐的人际关系，形成良好的群体规范，提高大学生的道德智商，培养移情能力，加强高校“两课教育”，塑造大学生全面发展的个体人格，提高大学生人文素质等。左宏梅（2009）认为以班级为单位，采用主题班会、心理活动课和日常班级管理渗透、环境渗透等形式，使全体学生共同参与，是学校培养青少年亲社会行为的主要途径。这是因为，班级管理中多形式、多时空的及时强化，同伴积极的舆论氛围和贴身的榜样示范，都有利于学生亲社会价值观念的形成和亲社会行为的养成。王同林（2019）认为，学校可以通过转变教学观念、创设生活化情境，以及精心设置作业来培养青少年亲社会行为。

通过树立榜样培养亲社会行为。钱新斌（2007）认为需要坚持以人为本，将亲社会行为培养和心理教育、德育教育相结合，树立正确的生态伦理观，训练移情能力、提高情绪胜任力、培养人际交往技能、弘扬亲社会的模范等来培养大学的亲社会行为。李柳健（2007）从训练移情能力、树立良好的榜样、组织有目的的实践活动、进行优良传统的教育四个方面论述如何培养学生的亲社会行为，提高学生的心理健康水平。朱嘉兴（2007）认为通过加强亲社会行为的培养，可以克服以往青少年思想道德建设中，由于忽视行为训练而导致的青少年道德认知效果差和知行脱节的弊病。培养青少年亲社会行为的方法包括角色扮演法、榜样示范法、归因训练法和行为激励法等①。

通过家庭教育培养亲社会行为。葛高飞（2011）认为，在对亲社会行为与家庭关系的研究发展中，家庭氛围所扮演的角色的重要性愈加显著。家庭生活氛围越乐观越积极、家人之间的交流越民主，越有利于子女对社会产生积极的接纳心态，从而越有利于其亲社会行为的产生与发展。魏曙光等（2017）在之后的研究中也发现，家庭生活环境在子女亲社会行为的发展过程中起着非常重要的作用，同时也会对子女的亲社会行为产生影响。张璟等（2020）认为，父母会通过不同的教养方式影响其子女的某一些个人特质，进而影响其个体的亲社会行为。因此父母的教养方式要适宜，或者可以直接通过相关的共情能力训练，如认知训练、情感训练等（陈珝 等，2011）来提高青少年的共情能力，从而强化其亲社会行为。

综上所述，亲社会行为是需要多方面共同努力培养的。吕哲委（2003）曾指出，亲社会行为不是与生俱来的，而是后天习得的。迟毓凯（2005）基于人格特征和环境因素，提出应从创造动力环境、培养移情能力及形成群体规范和理论三个途径培养青少年亲社会行为。

（五）关于旁观者冷漠效应的研究

旁观者冷漠效应是指当一个人面对他人的困境时，如果有其他人在场并可以提供帮助，个体会表现出比独自一人时更少的助人反应（迟毓凯，2005）。旁观者冷漠效应考察了人们帮助处于明显紧急情况中的人的情境特征。Garcia

① 师晓娟. 参考群体对大学生亲社会态度和行为的影响研究：以西藏自治区大学生为例[D]. 拉萨：西藏大学，2011.

等（2002）在研究意象启动对亲社会行为的影响实验中，证明了旁观者冷漠效应，其研究结果表明，想象自己在一个群体背景内的被试者比其他被试者表现出更少的助人行为。

第一，旁观者冷漠效应现象。国外学者 Latane 和 Darely（1976）研究了其他旁观者在场时长是否会影响一个人对紧急事件的反应。实验中，参与者要么一个人，要么与另外两个参与者一起在一间屋内完成一份调查问卷。开始填答后，实验助手会从墙上的通风口往里面灌烟——这是为了制造紧急情景。进一步的实验控制被用于还有其他两个人也在做问卷的情况。这里的其他人或者是真正的实验参与者，或者是已被告知要完全不理睬冒烟的实验助手。正如预想的那样，Latane 和 Darely（1976）发现，人们会受到周围人的高度影响。单独在室内的实验参与者中，有75%的人发出警报，他们向另一个房间的实验者报告有烟冒出。与其他两个实验参与者在一起的人中只有38%采取行动。与忽视冒烟的实验助手在一起的参与者中更是只有10%的人报告有情况。参与实验的人后来报告说，由于他人并没有认为这是个紧急情况，所以自己也认为这不能是紧急事件。这些研究表明，在紧急情况下，人们与其他人在一起，比独处更不可能提供帮助，这种现象就是旁观者冷漠效应。

第二，旁观者冷漠效应背后的过程。Latane 和 Darely（1976）的研究表明，在场的旁观者越多，紧急事件受害人得到任何旁观个人帮助的可能性就越小。这一倾向已由 50 多项研究证实，其中既有实验室研究，也有田野调查（对这一工作的述评见 Latane et al.，1981）。那么，究竟是什么样的过程有助于旁观者冷漠效应的产生呢？Latane 和 Darely（1976）对为何不会发生助人现象提出了两种基本解释——责任分散和旁观者抑制。

责任分散：紧急情况下其他人在场会使旁观者将其助人责任转移到他人身上。正如 Latane 和 Darely（1976）的研究所表明的，其他旁观者不必亲自在场，责任分散也会发生。实际上，只需要知道其他人也了解所发生的紧急情况并能潜在性地承担责任就足够了。这就意味着，任何情境中单独在场的人最可能帮助紧急事件的受害者，因为没有人可供他们传递责任，他们自己肩负着全部责任。这就可以解释为什么那么多人听到 Kitty Genovese 的喊声，却没有一个人去帮忙。

旁观者抑制：人们经常会因为当着别人的面行动而感到不舒服，尤其是在对如何行动没有明确指引的紧急情境中。人们可能会担心自己对情况有过度反应，或是以不胜任的姿态应对情况，而这会导致其他旁观者的嘲笑或认为自己很糟。

第三，Piliavin 的旁观者计算模型（bystander-calculus model）。Piliavin（1981）也提出了一个模型，来解释人们在紧急情况中为什么不会总是提供帮助。与 Latane 和 Darely（1976）的模型一样，他们的模型也包括了责任分散在解释旁观者冷漠效应中的作用，但他们还考虑了个体目标紧急情况时的生理反应。旁观者计算模型提出，旁观者看到紧急情境时会经历三个阶段。首先，他们会经历生理唤醒。其次，他们试图理解自己为何会感到生理唤醒，并会给这种情绪反应贴上标签。最后，他们会计算助人的成本和不助人的成本，并决定是否行动。

（1）生理唤醒。根据 Piliavin（1981）的说法，当我们最初看到紧急情况时，就有一种定向反应，表现为一种降低的（而不是升高的）生理反应。这就容许我们对情境做评估，并且不慌不忙地决定如何继续做下去。紧随其后的是防御反应，即生理反应迅速提升，它使我们准备好行动。Gaetner 与 Dovidio（1977）发现，当看到一位妇女被掉下来的椅子砸伤的紧急情况时，心率提高的旁观者比生理反应不那么敏锐的旁观者会更快地提供帮助。

（2）唤醒归类。我们知道紧急情况下人们会体验到生理唤醒，但这种唤醒意味着什么呢？在很多环境中我们都会体验到生理唤醒，比如有吸引力的人在场时，与某人争斗时，或者坐过山车时。社会心理学家认为，我们在所有这些情境中所具备的生理唤醒都是一样的，只是我们依据特定情况下的外部线索，会给他们贴上不同的标签——吸引、愤怒或兴奋——将其区分开来。旁观者计算模型主张，在紧急事件中，将这种唤醒归为看到其他人受罪时的个人性痛苦，因而助人的主要动机即是减轻这种不愉快的唤醒感。换句话说，我们帮助他人是因为这样做有利于我们的个人利益，可以为我们去除消极情绪反应。Batson 与 Coke（1981）还提出另一种过程模型——移情性忧虑，认为只要我们认为自己与处于痛苦中的人具有相似性，而且能够认同他们，我们就会体验移情。这种情绪反应关注需要帮助的人，而不是我们自己。

（3）计算成本。Piliavin（1981）论述说，旁观者将自己的唤醒体验确认为此情境下的人性痛苦后，就会试图权衡不同合理性选择的成本，计算出哪种行为方法最有可能减少他们的个人痛苦。为了做到这一点，我们必须考虑两种成本，即帮助的成本和不帮助的成本。助人在有些方面的成本会很高。它需要花费时间和精力去应对情况。比如，可能会有诸如人身伤害之类的消极个人后果。这些成本越高，旁观者就越不可能帮助。不助人也有成本。Piliavin（1981）指出，不助人会形成个人成本，比如对受害人的命运感到有罪和应受遣责；以及移情成本，如果旁观者对需要帮助的人感到移情性忧虑，但却没有帮助他们，就会无法排解由于想到受害人的痛苦而产生的消极情绪。当助人的成本较低（比如距离紧急情境比较近，而且可以有效地发挥作用）且如果不去助人很可能会造成消极后果（比如害人可能会受到严重伤害甚至死亡）时，不助人的成本就会较高。根据 Piliavin（1981）的说法，旁观者冷漠效应之所以发生，就是因为他人在场减少了不助人的成本。如果旁观者看到有可以提供帮助的其他人，他们就会感觉即使自己不介入，其他人也可能会去帮助。

在我国社会经济转型期间，一些社会丑恶现象偶有发生，这不能不引起我们的重视与思考。旁观者冷漠现象就是这样一种必须引起我们高度重视、值得我们认真思考的社会问题（胡晓阳，1996）。而旁观者冷漠现象出现的原因有很多种，一方面是由于人际关系经济化、道德规范软化和价值观错位（胡晓阳，1996）；另一方面是不良社会道德风尚所引起的，是一种集体性良知麻痹行为，它既与人们现场特殊的心理氛围、道德环境有关，又与人际关系磨损、传统消极文化影响、社会保障支持不够有关。之后有学者通过相关实验研究旁观者冷漠现象，如迟毓凯（2005）以大学生为实验对象，用两个实验探测了不同的启动任务下内隐的旁观者启动效应。研究结果表明，孤单任务启动后被试者助人行为的减少更可能与情绪变化有关；而对拥挤启动被试者而言，其助人水平下降则更可能是认知方面的原因，这与传统的“责任分散假设”是相吻合的。

此外，国内学者在研究旁观者冷漠效应的基础上，相继研究了人际冷漠、前现代冷漠、现代社会冷漠，以及后现代冷漠等。人际冷漠从字面意思来说是指人与人之间的冷淡、不关心①。何志坚（2010）指出人与人之间也存在冷漠效应，并且认为人际冷漠可能是因为手机等电子产品在日常生活中的使用而导致的；或者是因为如马加爵事件中令人发指的冷漠而引起的。当然，人际冷漠还可能发生在不同的社会角色间、个体所居住的社区里、大学生之间，以及不同的社群间或特定的环境中。许帅丹（2012）提出的人际冷漠是从见死不救的现象中抽取出来的，具体是指在陌生人遇到特殊情况时，人们“不敢”给予援助和相救的行为。宋晔和魏亚平（2013）则认为冷漠的对象是他人和事物，人际冷漠则是对他人态度冷淡。侯菲（2015）则更进一步对人际冷漠做了界定，认为人际冷漠是指在突发情况下，个体对生命、财产受威胁的求助者发出的求救信号漠不关心的一种行为，而并非是一般的冷漠情感。郑杭生（2010）只是将社会冷漠分为了前现代冷漠、现代社会冷漠，以及后现代冷

① 袁孟林. 责任归因对大学生人际冷漠的影响［D］. 昆明：云南师范大学，2018.

漠，但并没有做具体的阐述。随后孙璇（2014）对其进行了具体的界定：认为前现代冷漠是指在“差序格局”的社会结构中，熟人圈子对陌生人的冷漠；现代社会冷漠则是指由于个人在价值观乃至社会以及道德建设上的欠缺，从而引起的对其他的人与事的冷漠性的看法；后现代冷漠是指以个人主义为主的自私自利甚至是损人利己的态度恶化，引起的不良的社会风气，这本身就是一种冷漠行为。

综上所述，国外对旁观者冷漠效应的研究较多，并且大量实验研究和实证研究证实了旁观者冷漠效应的存在和作用过程，取得了较为显著的成果。但就国内的研究情况来看，国内学者对旁观者冷漠效应的实证研究较少，还有待进一步拓展和完善。

第二节　项目主要研究方法

一、问卷调查法

问卷调查法是国内外社会调查中较为广泛使用的一种方法。问卷是指为统计和调查所用的、以设问的方式表述问题的表格。问卷调查法就是研究者用这种控制式的测量对所研究的问题进行度量，从而搜集到可靠的资料的一种方法。问卷法大多通过邮寄、个别分送或集体分发等多种方式发送问卷。由调查者按照表格所问来填写答案。一般来讲，问卷较之访谈表要更详细、完整和易于控制。问卷调查法的主要优点在于标准化和成本低。因为问卷调查法是以设计好的问卷工具进行调查，问卷的设计要求规范化并可计量。

本研究采用集体分发问卷的形式，以班级为单位进行发放，对大学生在参考群体下的亲社会态度和亲社会行为进行调查。问卷总共分为两类：一类是调查大学生德育思想方面的问卷，共三份；一类是调查社会行为的问卷，共四份。在问卷填写完成之后，本研究采用 SPSS 软件对问卷数据进行分析，以了解当代大学生亲社会态度和亲社会行为的现状，从而提出相应的对策与建议。

二、扎根理论

扎根理论（Grounded Theory）是由美国学者 Glaser 和 Strauss 在 1967 年出版的著作《扎根理论的发现》中首次提出的。扎根理论并不是一种实体理论，而是一个研究的路径，或者说是一种方法论。该方法与其他方法最大的不同在于其研究目的是在实际的观察中，从原始的材料中归纳出经验概括，并上升到系统性的理论，而不是描述和解释研究现象，又或者是针对被研究者的叙事结构、话语特征或生活史进行分析。因此该方法的使用，需要研究者时刻保持生成理论的心态，采取“理论性抽样”的标准①，根据生成理论的需要去选择所要研究的对象，即系统地收集与分析从实际观察中获得的资料。在生成扎根理论的过程中，研究者也需要去借鉴当前学术界已有的理论，并在这些经验研究、个人知识和前人理论之间形成对话。扎根理论研究的结果是对基于现实所生成的理论的呈现，因此需要研究者采用具有一定抽象程度和概括性的语言对其结果进行表述。本研究使用扎根理论对问卷内容进行编码，即开放编码、轴心编码以及选择编码。

三、结构方程模型

结构方程模型（Structural Equation Modeling，SEM）是统计分析方法中一个新发展的领域。结构方程式模型是一种建立、估计和建议因果关系模型的多元统计分析技术。它包含了回归分析、因子分析、路径分析和多元方差分析等一系列多元统计分析方法，能同时处理多个因变量，是一种非常通用的、线性的、借助于理论进行假设检验的统计建模技术②。

简言之，结构方程模型通过联立方程组求解，但同时又没有很严格的假定限制条件，并允许自变量和因变量存在一定的误差。此外，结构方程模型在某些方面优于多元回归、通径分析、计量经济学中的联立方程以及因子分析等方法。总之，只有结构方程模型既能够使研究者在分析中处理测量误差，又可以分析潜在的变量间的结构关系③。

从理论上说，一般结构方程式模型由三个矩阵方程式表示：

$$\eta = B\eta + \Gamma\xi + \zeta \tag{2-1}$$

$$x = \Lambda_x\xi + \delta \tag{2-2}$$

$$y = \Lambda_y\eta + \varepsilon \tag{2-3}$$

其中，η 是内生潜变量，y 是其测量指标；ξ 是外生潜变量，x 是其测量指标；ζ 是随机干扰项，δ、ε 是测量误差；B、Γ 为变量系数矩阵。

方程（2-1）是结构模型部分，规定了所研究的模型中假设的潜在外生变量和潜在内生变量之间的因果关系。方程（2-2）和（2-3）是度量模型部

① 黄婷. 小微商户的移动支付使用行为［D］. 成都：西南财经大学，2018.

② 师晓娟. 参考群体对大学生亲社会态度和行为的影响研究：以西藏自治区大学生为例［D］. 拉萨：西藏大学，2011.

③同①.

分，分别规定了潜在外生变量和显在外生变量 X 之间的关系，以及潜在内生变量和显在内生变量 Y 之间的关系；分别表示对潜在变量的回归系数或因子负荷矩阵，以及观测变量 X 和 Y 的测量误差。在结构方程模型分析中，我们可以提出一个特定的因子结构，并检验它是否吻合数据。通过结构方程多组分析，我们可以了解不同组别内各变量的关系是否保持不变，各因子的均值是否有显著差异。

目前，已经有多种软件可以处理 SEM，包括 LISREL、AMOS、EQS、Mplus、SAS 等。由于使用路径图来制定模型的方法完美自然，而且关于模型的总体拟合程度有许多可以采用的测量指标和标准，对模型的评价涉及模型对数据总的拟合程度，而 AMOS 软件提供了多种判定拟合优度的量，用该软件可以使模型在界面上直接给出拟合统计量，显示统计量结果①，使得对结构方程模型结果的分析更直观明了，所以本研究采用的是 AMOS7.0 软件。

结构方程有两个基本的模型：测量模型与结构模型。本研究主要使用结构方程模型测量量表的效度，所以采用测量模型，其基本原理如图 2-4 所示。SEM 测量模型中假定：潜在变量（共同因素）与测量因素不能有共变关系或因果路径存在②。

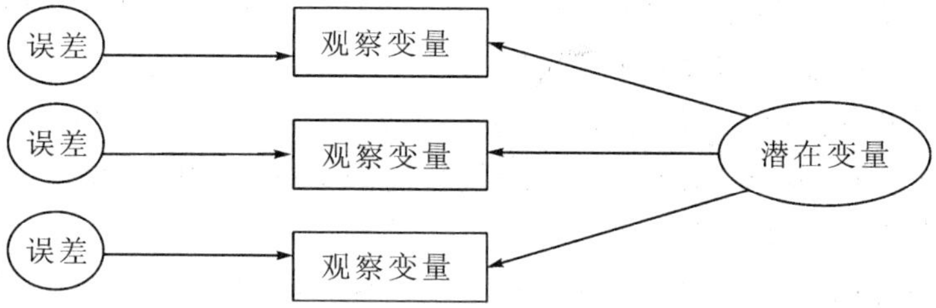

图 2-4　多个观察变量与潜在变量的测量模型图

四、统计分析方法

（一）因子分析

因子分析，是通过研究众多变量之间的内部依赖关系，探求观测数据中的基本结构，利用少数几个假想变量（即因子）来表示基本的数据结构。这些因子能反映原来众多的观测变量所代表的主要信息，并解释这些观测变量之间

① 师晓娟. 参考群体对大学生亲社会态度和行为的影响研究：以西藏自治区大学生为例［D］. 拉萨：西藏大学，2011.

② 五南，吴明隆. 结构方程模型 AMOS 的操作与应用［M］. 重庆：重庆大学出版社，2009.

的相互依存关系①。因子分析就是研究如何以最少的信息丢失为代价，而把众多的观测变量浓缩为少数几个因子②。在因子载荷矩阵中，各行元素的平方和，即共同度，表示每个指标受各个因素所解释的变异数的总和。而各列元素的平方和则表示每个因子对方差的解释能力，即方差贡献率，方差贡献率大，则表示因子含的信息多。其原理见图 2-5。

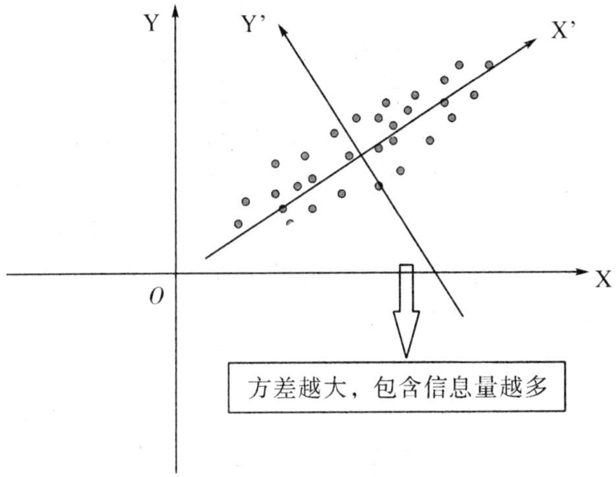

图 2-5　方差分析的原理

因子分析正是利用这些潜在变量或本质因子（基本特征）去解释可观测的变量的一种工具。因子分析的基本思想是依据相关性将观测变量进行某种“分类”：同一类变量之间的相关性较高，即联系比较紧密；而不同类的变量之间的相关性则较低。那么每一类的变量实际上就代表了一个本质因子，或一个基本结构。

因子分析的主旨是利用少数几个公共因子来解释较多个变量存在的复杂关系。利用主成分分析法选择公共因子时，一般要求因子的累计方差贡献率大于或等于 80%③。

因子分析能够找出量表潜在的结构，减少题项的数目，使之变为一组数量较少但彼此相关度较大的变量，此种方法，是一种探索性的分析方法。本研究

① 师晓娟. 参考群体对大学生亲社会态度和行为的影响研究：以西藏自治区大学生为例［D］. 拉萨：西藏大学，2011.

② 郭志刚. 社会统计分析方法 SPSS 软件应用［M］. 2 版. 北京：中国人民大学出版社，2015.

③ 胡平，等. 应用统计分析教学实践案例集［M］. 北京：清华大学出版社，2007.

主要是用这种方法测量量表的结构效度①。

（二）α 信度分析

信度是指测量数据和结论的可靠性程度，也就是说测量工具能否稳定地测量到它要测量的事项的程度。我们可以用信度系数来表示信度的大小。而信度分析就是对信度进行估计。估计信度的方法很多，常用的分析方法主要有以下几种：

一是测验—再检测法。用同样的问卷，对同一组被调查者重复进行测验，两次测验相距时间不能过长。这种方法要求对同一样本测试或调查两次，加上时间相隔的长短也有一定的限制，因此在实施中有一定的困难。

二是折半信度法。在不可能进行重复调查的情况下，常用的方法是将调查项目分成两半，计算这两半的得分的相关系数 Rhh（折半信度系数），以此为标准来进一步衡量整个量表的信度。此信度系数不是很高，可能主要是因为该量表仅仅利用 15 项说法在 5 个维度上对事物进行评价，而人们在不同维度上对事物的评价本身可能不一致。

三是克朗巴哈 α 信度系数法。鉴于前两种信度分析的限制因素，本研究采用了克朗巴哈 α 信度系数法，这种方法可以很好地衡量问卷的潜在性能和原理信度指标。通常情况下，α 系数值的临界值最低为 0.5，若 α 系数值低于 0.35，表明量表的信度不能接受，当 α 系数值大于 0.7 时，表明量表的信度较高。通过检验本研究采用的量表发现，α 系数值均大于临界值，验证了本研究量表的可靠性。

（三）方差分析

方差分析（analysis of variance，ANOVA）主要用于对多个均值是否相等这一假设进行检验。

H_0：各均值全相等；

H_1：各均值不全相等。

方差分析的思路：将来自各子总体抽样样本汇合在一起，先假设它们来自一个总体，然后再把这个汇合样本的总变动分解为两个部分。一个部分是组内变动，主要代表本组内各案例值关于组平均值的分布的离散程度；另一个部分则是组间变动，代表各组平均值关于总平均值的分布的离散程度②。

① 师晓娟. 参考群体对大学生亲社会态度和行为的影响研究：以西藏自治区大学生为例[D]. 拉萨：西藏大学，2011.

②同①.

方差分析最基本的概念是因素与水平。因素指一个独立的变量（如本研究中的群体类型），因素中的内容称为水平（如本研究考虑 4 种水平：家长、老师、同学、陌生人）。如果只针对一个因素进行分析，就称作单因素分析，否则就叫多因素分析。方差分析中，我们通常假定各个水平的观察数据来自服从正态分布的总体的随机样本，且各总体相互独立（即看是否来自随机样本），方差相同（或方差齐次）。显然，实际操作中没有这么严格。

本研究均是单因素方差分析，设计比较简单，样本有足够的信息量对正态性和方差齐次性进行检验。但是许多人将正态性理解为因变量（如亲社会行为）应当正态分布，显然这和实际要求不是一回事。由于模型本身具有一定的稳健性，检验结果显示只有因变量的分布不是明显偏态，因而分析得出的结果也是稳定的。方差分析的原理如图 2-6 所示：

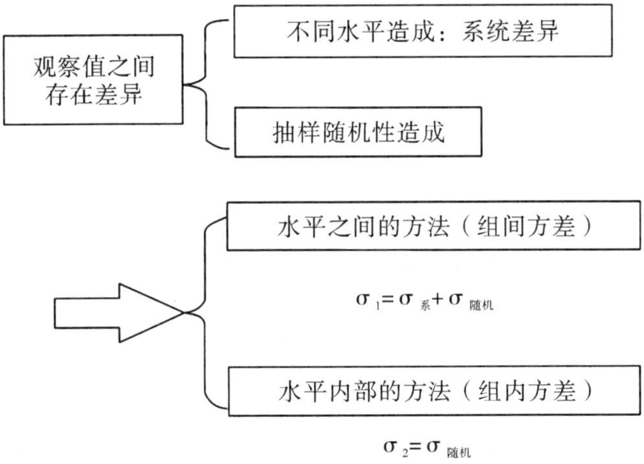

图 2-6　方差分析原理

当 $\sigma_1 > \sigma_2$，且达到一定程度时，我们就认为水平之间存在差异。

第三章　基于扎根理论的亲社会行为的形成与发展研究

第一节　研究设计

一、设计方案

（一）研究方法选择

扎根理论最初是由美国学者 Glaser 和 Strauss 在 1967 年出版的《扎根理论的发现》中提出的。扎根理论不是实体理论，而是一种从数据中建立理论的特殊方法论。它提供了一套从原始数据中归纳和构建理论的方法和步骤，以便研究人员可以使用系统的分析方法来归纳和分析数据，以发展概念和建构理论。

相较于其他质性研究，扎根理论有一套完整的方法和步骤。扎根理论不仅是对原始数据的描述，还能不断挖掘数据深层次的内在关系和逻辑。研究者在进行理论提取时，要时刻保持理论的敏感度，要不断地与已有理论进行比较，坚持从数据中来，再到数据中去的研究思想。在扎根理论的产生过程中，研究人员还需要借鉴学术界现有的理论、个人知识和前人理论。扎根理论研究的结果是对现实的理论展示，因此研究人员需要用某种抽象和概括的方式来进行阐述。扎根理论的主要操作步骤①如下：

（1）对原始数据进行逐字逐段编码，并且从原始数据中提炼概念；

（2）将上一个步骤提炼出的概念，不断与原始数据进行比较，从而挖掘概念的深层次理论；

---

① 陈向明. 质的研究方法与社会科学研究 [M]. 北京：教育科学出版社，2000.

（3）将概念范畴化，探讨范畴的性质和维度；

（4）不断进行编码和理论抽样，研究范畴之间的内在逻辑与关系；

（5）通过不断编码，直至理论饱和，最后进行理论建构。

对原始数据进行逐字逐段编码是扎根理论中最重要的一个环节，然而Glaser和Strauss在进行编码时，采用的方式略微不同。Glaser的编码思路只有两级，即开放编码和选择编码。Strauss的编码有三级，即开放编码、轴心编码和选择编码。本研究将严格按照Strauss的编码方式，进行三级编码①。具体如下：

（1）一级编码（开放编码）。开放编码与数据的采集工作同时进行，采集一段数据，立刻进行一次编码，不断地将焦点汇聚在研究的话题上，并再次反馈到访谈的过程中，不断完善访谈的内容。编码的过程与访谈呈现螺旋式上升，不断将编码的内容向前推进，从而将原始数据不断进行概念化和范畴化，直至研究的理论范畴达到饱和。

（2）二级编码（轴心编码）。轴心编码阶段主要根据Strauss和Corbin（1990）提出的“范式模型”（即因果关系—现象—情境—中介条件—行动策略）的逻辑，将开放编码阶段的范畴连接在一起。同时，要确定主范畴和次要范畴，围绕主范畴，将各次要范畴组合联系起来，形成主范畴的模型。

（3）三级编码（选择编码）。将核心编码阶段提炼出的主范畴，通过再次与原始数据的不断比对，从而选择“核心范畴”，并将其他范畴通过核心范畴连接在一起。与其他范畴相比，核心范畴应占主导地位，并且大多数研究结果可以包含在相对广阔的理论范围内。就像渔网的拉线，核心范畴可以将所有其他范畴串在一起，并起到“概述”的作用。

扎根理论适用于现有理论体系不够完善、难以用现有理论解释或研究留有空白的领域。本研究所进行的参考群体影响下大学生亲社会态度和行为研究缺乏相关研究成果，从已有文献中难以寻找相关的理论解释，因此适合采用扎根理论进行探索性研究。

（二）样本选择

本研究主要是对参考群体对大学生亲社会行为的影响因素及其之间作用机理关系的梳理，因此选取在校大学生为受访对象。依据本研究的内容，对样本

① 科宾，施特劳斯. 质性研究的基础：形成扎根理论的程序与方法［M］. 朱光明，译. 重庆：重庆大学出版社，2015.

选择设置了如下要求：在校大学生能够接受采访并允许谈话过程被录音。考虑到数据的可获得性和访谈对象的配合度，样本的获取主要采取滚雪球的方式，以西藏大学在校大学生为代表的群体为样本源，最终筛选出符合要求的24位受访对象。其中，男性11人（45.8%）、女性13人（54.17%）、汉族12人（50%）、藏族12人（50%）。研究样本具有较好的代表性。本研究随机抽取19个样本用于扎根分析，剩余5个样本用于理论饱和度的检验。

（三）数据采集

2021年1月1日—2月20日，本研究以西藏大学在校大学生为研究对象，运用半结构化访谈法，对24位在校大学生开展了访谈并获得文本数据。在回顾以往的文献以及与相关领域专家讨论后，拟订了西藏大学生关于亲社会行为的访谈提纲。访谈提纲仅供访谈时参考使用，实际访谈按照实际情况来进行。

访谈提纲：

1. 您知道什么是亲社会行为吗？请列举三种以上您认为的亲社会行为。
2. 您曾经有过亲社会行为吗？主要有哪些？
3. 您认为是什么原因让您愿意去实施亲社会行为？
4. 您认为什么原因会制约您去实施亲社会行为？
5. 您认为向您求助的人的情况会影响您的行为决定吗？是怎么影响的？
6. 您在“轻松筹”上决定实施帮助行为时，是依据什么标准来选择帮助对象的？
7. 您知道什么是旁观者效应吗？您认为您在现实中的行为受到旁观者效应的影响了吗？
8. 您知道“吴伟青事件”吗？如果您了解此案，还会选择去帮助别人吗？为什么？
9. 当帮助了有需要的人后，您有什么样的感受？
10. 您认为您会在哪方面实施更多的亲社会行为？
11. 请随意谈谈您对大学生亲社会行为的看法。

（四）可靠性检验

针对扎根理论数据的可靠性检验问题，卡麦兹（2009）提出了一套相对完整的标准，即可靠性、独创性、共鸣性和有效性。可靠性是指对数据进行广泛收集，围绕研究的主题，数据的收集和数据的分析之间的逻辑关系是很重要的。独创性是指通过编码归纳出的范畴是具有创新性的。共鸣性意味着从分析中获得的意见可以充分反映研究人员的经验。有效性意味着该研究提供了实用的解释。在本研究中，我们主要从以下几个方面入手，以确保研究的科学可靠性。

（1）广泛采集数据。扎根理论研究强调尽可能多地收集数据，收集到的数据越多、越丰富，就越能为研究者进行研究提供更多的证据。学者 Fassinger（2005）认为，在扎根理论的研究中，如果仅仅是进行个人访谈的研究，那么访谈样本的规模达到 20~30 个即可。本研究的数据包括 20 多次现场调查的个人访谈数据，以及亲社会行为热点案例的网友评论等。收集到的数据种类和数量非常丰富，既有深度又有广度，这是为了尽可能确保研究的可靠性。

（2）三角互证的方式。在现场调查数据采集过程中，相关的测试方法已被多次使用，即从多个角度比较访谈的答案或观点，并结合使用访谈法和观察法。在进行访谈的时候，要关注不同的受访者对同一问题的回答，比较他们回答的内容有何异同。在访谈中，尽可能地确保研究的共鸣性。

（3）及时处理采集的数据。访谈后，尽快整理访谈文字，以免忘记访谈的内容。如有疑问，可以反复聆听原始录音。数据的采集工作与编码同时进行，采集一段数据，立刻进行一次编码，不断地将焦点汇聚在研究的话题上，并再次反馈到访谈的过程中，不断完善访谈的内容，不断进行文献的回顾。

二、理论模型

本研究采用扎根理论，从原始资料出发，自下而上通过归纳分析逐步产生理论（陈向明，2000）。资料分析借助 NVivo 12 完成。经过开放编码以及多次整理分析后得到 55 个概念化类属，本研究用字母 A 表示概念化类属；在主轴编码阶段，本研究通过对 55 个概念化类属进行不断比较分析，得到责任意识、共情、生活环境、道德情绪、从众心理、信息影响、规范影响、利他行为以及环境改善 9 个范畴化类属，本研究用字母 B 表示范畴化类属。如表 3-1 所示。

在开放性编码与主轴编码的基础之上，本研究通过重组、整合与分析进一步提炼出“亲社会的认知”“亲社会行为的动机”“亲社会行为发展的影响因素”三个核心类属，展示了大学生亲社会行为发展的形成，构建了发展模型。如图 3-1 所示。

表 3-1　亲社会行为发展的主轴编码

范畴化类属	概念化类属
B1 责任意识	A1 社会道德、A2 性格、A3 体现价值、A4 不会拒绝、A5 力所能及、A6 社会责任
B2 共情	A7 个性特质、A8 利他观念、A9 本能、A10 人性本善、A11 善有善报、A12 双赢、A13 旁观者效应、A14 移情能力、A15 感同身受、A16 换位思考
B3 生活环境	A17 家庭教育、A18 学校教育、A19 地方风气、A20 角色要求
B4 道德情绪	A21 幸福感、A22 情绪感染、A23 同情
B5 从众心理	A24 信息型从众、A25 害怕孤独、A26 融入群体、A27 影响力
B6 信息影响	A28 代价太高、A29 负面报道、A30 善意不被理解
B7 规范影响	A31 帮助、A32 利他行为、A33 为他、A34 行为策略、A35 利益权衡、A36 亲社会推理、A37 主观社会阶层、A38 树立榜样、A39 他人在场、A40 群体规范、A41 感情移入
B8 利他行为	A42 互利性、A43 网络空间、A44 公共讨论、A45 公共话语、A46 回报
B9 环境改善	A47 成就感、A48 精神提升、A49 主动适应、A50 价值引领、A51 忽视回报、A52 认同榜样、A53 知识增长、A54 环境改善、A55 情绪管理

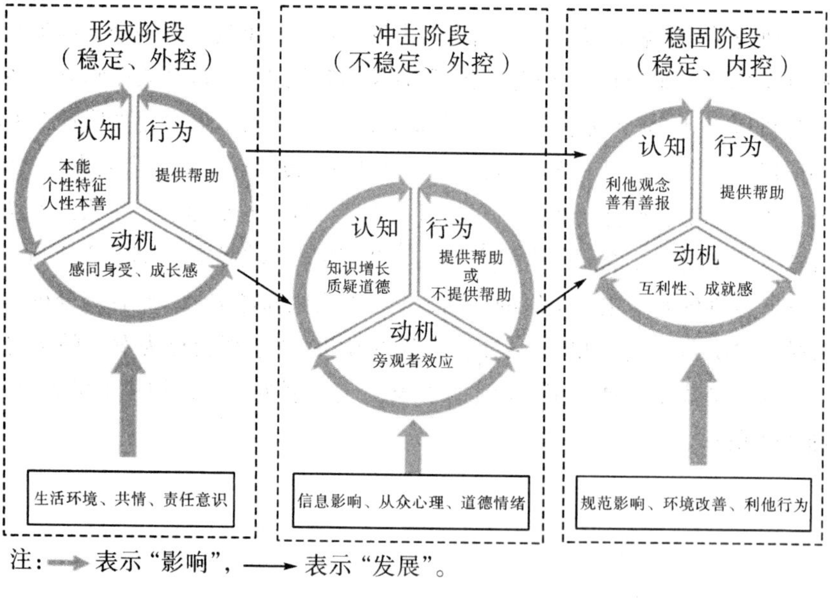

图 3-1　大学生亲社会行为发展的形成与发展的模型

第二节 模型阐释及研究发现

一、模型阐释

（一）亲社会行为的动机

个体有意识的亲社会行为始于对教育和规范的内化，未按要求行事会受到惩罚，而帮助他人则会得到赞扬。多位受访者表示自己曾在亲社会后得到大家的夸赞与喜爱。诸如“人之初，性本善”或“善有善报”的观念也会在教育中被反复强调，在内化了大量此类观念后，个体认为亲社会行为不过是顺应本能或天性。如CK06号受访者表示：“就是这种本性，比较淳朴吧。”随着亲社会动机逐渐丰富，许多受访者都提到了亲社会带给自己的满足，如能够获得幸福感、满足社交需求、能够获得成就感和成长感等。幸福感的提升主要体现在施助后亲社会者产生的开心或愉悦情绪。社交需求的满足体现在通过亲社会与他人建立联系，从而结识志同道合的人、发展新友谊或巩固原来的友谊、融入新群体。CK01号表示：“（在志愿者活动中），大家都抱着比较单纯的帮助别人的目的。当两个人的目的很相近时，就可以有更多的话题。”成就感则来自亲社会者对自己能力、品质和影响力的肯定。如CK08表示：“我虽然只是帮你解决问题，但是我感觉我很有能力。”亲社会者还常常发现自己在亲社会的过程中获得了成长，如CK06表示：“帮别人解决问题的时候，你自己也会去查一些资料，这些资料可以拓宽自己的知识面。”

此外，被求助者唤起的情绪情感也是亲社会行为的重要驱力[①]。如对弱者的同情，CK05在描述遇见乞讨者时的心情时表示，“第一次见（冬天乞讨者跪在天桥上）的时候就觉得心里挺难受的，即使他是假的，我也会给他（钱）”；如感恩和回报曾获得的帮助，CK08谈到受学长帮助时表示，“在刚进大学的时候就感觉很温暖，所以当我成为学长的时候，我也会有意识地去帮助别人”。访谈中，有6人不约而同地提及自己曾经渴望得到他人帮助而未能得到帮助的伤心，这种经历使他们更能理解求助者的处境。CK03表示：“我能理解他们心里其实有多么渴望别人的关注，多么渴望别人的爱。所以当我有能力去帮助他们的时候，我总会感觉我在帮助曾经需要帮助的自己。”CK09则

① 许丹，李亦欣．个体助人行为的形成与发展：基于扎根理论的探究［J］．心理科学，2020，43（5）：1243-1249.

表示：“别人不帮助我的时候，我觉得我万念俱灰，很难受。所以我不想做冷漠的人，我想多帮助别人。”

（二）亲社会行为的发展

亲社会行为的发展可以分为形成、冲击、稳固三个阶段，其发展常伴随着反复和动摇，呈螺旋上升态势。从最初的并非有意为之，到经历了冲击后对已有信念的怀疑，再到自觉主动帮助别人，最终形成稳定的亲社会模式。

1. 形成阶段

初期，亲社会行为是个体从社会文化及原生家庭习得的，受到家庭、学校乃至整个社会的鼓励。“上小学时，学校就会宣传三月是学雷锋月，我们应该帮助别人”（CK01），“他（父亲）做的事我都看在眼里，也会跟他学（亲社会）”（CK05）。此时，帮助别人对于个体来说只是“应该去做的事”。此外，亲社会也可能源自社会角色的要求。社会文化会要求承担某些角色的人更利他，如多子女家庭中，兄弟姐妹会被父母要求互相照顾帮助，“记得最早开始帮别人就是帮我姐吧……”（CK04）。最初这些亲社会行为只是指向特定的个体或群体，随着对象的逐渐泛化，便形成了亲社会习惯。

对亲社会的认知是亲社会行为形成和发展的基石。这一时期的个体通常认为亲社会是人类共有的本性，是所有人共享的价值观和行为准则，“这个（亲社会）价值观是很多人所共有的，会在别人的思想中得到验证”（CK02）。受访者认为，在本性的驱动以及社会规范的要求下，个体的帮助行为不过是与观念保持一致。这一时期的亲社会行为虽然稳定，却并非出自助人者的个人意志，在他们看来这种行为是由本性或社会规范所控的。

2. 冲击阶段

随着不断成长，个体从相对单纯的小环境走向复杂多样的大环境，对个人经历和社会现象的观察与反思开始冲击他们“应该帮助别人”的信念，他们会发现亲社会行为并不总能获得肯定或回报，也并非人人都会遵守行为规范。“感觉内心有了杂质，我好心好意给你钱，你还骗我，有点生气。”（CK05）“（玩游戏时）自己想方设法帮助伙伴，让他们有一个更好的输出环境，但是游戏结束后，他们却说我什么事情也没做，有点伤心。”（CK07）现实的打击促使个体反思是否必须帮助别人。伴随着对这一问题的思索，心智日趋成熟的助人者开始整合生活经验，在决策时考虑更多因素，如周围人的感受、个人能力及求助信息的真实性等。如CK01在援助地震灾区后表示：“我从危险中学到了另外一种（东西）——责任感。就是要对你身边的、关心你的人负责。有时候做决定不能那么冲动，不应该仅凭一腔热血，而是需要更多的思考。”“盲目答应别人做某事后我发现，这件事情太难了，超出了我的能力范围，但是也没办法，谁让我答应了。”（CK05）在此阶段，个体对亲社会的认知超越了文化规范的约束，如“那个时候就觉得人善被人欺啊，那为什么不做欺负别人的人”（CK02），“觉得吃力不讨好”（CK05）；渴望获得肯定和回报，如“巩固友谊，交到更多的朋友”（CK08）；同时也开始衡量得失，如CK03说“别人来找我问问题，我一定要回答别人，导致自己的学习效率很低，后来我就不愿意了”。个体会在帮与不帮之间来回摇摆。帮助行为主要受互惠期待、获得肯定和认可、建立和维护关系的需求驱动，依赖外界的反馈，因而呈现出不稳定的特点。

3. 稳固阶段

为缓解冲击阶段的认知失调，个体不再只是被动接受环境影响，而是主动调整①。个体在环境中搜寻契合需求的外部资源重建认知平衡，如认同身边的助人榜样，CK02和CK10都提到了身边人对自己的影响。“受她（女朋友）影响很大，我很赞同她的三观，会慢慢反思自己”（CK02），“在那之后我就想，他（室友）为什么要帮我？他没有这个义务来帮我，后来我才发现，他这样做是为了帮助我解决现在（的问题）。”（CK10）引入新的认知元素或重新认同原有观念，“如果（求助）70%是真的，30%是假的，那我愿意承担30%的损失”（CK02），“因为觉得他们不是恶意的。吃点亏也没关系，吃亏是福嘛”（CK07）。

此时，个体不再把亲社会看作人类的本性，而是个人的选择，“因为每个人都有自己的目标……我希望我的名字会被后人记住，这是我的目标之一。虽然（亲社会）是一种小成就，但是也体现出了我的价值”（CK06）。他们更关注亲社会行为带来的个人成长与持久的积极体验，“做事情的过程中，自己会获得成长”（CK09），“你帮了别人之后，会有一种自我的认同感，觉得自己是一个比较善良的人”（CK04）。这些积极体验强化了他们的亲社会信念，形成良性循环，并发展为稳固的亲社会模式。

尽管所有受访者的亲社会行为都呈现出顺序发展的特征，但并非所有人都经历了完整的三阶段。在接受访谈时，有9位受访者已进入第三阶段，有6位受访者正处在从第二阶段到第三阶段的过渡期，有5位受访者处于第二阶段，有4位受访者处于第一阶段。

---

① 许丹，李亦欣. 个体助人行为的形成与发展：基于扎根理论的探究［J］. 心理科学，2020，43（5）：1243-1249.

（三）故事线

本研究在对访谈资料进行系统分析的基础上，归纳了亲社会行为的动态发展历程。从回溯性报告来看，社会文化、家庭及学校是个体有意识亲社会的起点。亲社会源于顺应天性、获得表扬或逃避批评，这与儿童早期遵守社会规范和追求奖励的亲社会动机是一致的①。这一时期的亲社会行为虽然稳定，却是顺应人类天性或遵从社会规范的，在个体看来并非出于自己的选择。

随着年龄增长，生活环境变得复杂，个体接触到与早期教育相悖的观念和行为，已形成的亲社会观念开始动摇，他们开始怀疑作为本性和道德规范要求的亲社会的合理性。当意识到亲社会并非人人时时遵守的规范，未必都会得到正面反馈，甚至还会蒙受损失，或被嘲笑、欺骗、利用时，亲社会才有了自主性和可控性。因此，这一阶段亲社会行为较不稳定，依赖外界反馈，年长儿童的共情、互惠、关注他人和关系的需求此时居于主导地位。对比亲社会及利他行为的相关理论，亲缘选择、互惠、社会规范、社交特性等在发展历程前两个阶段都能看到踪迹，它们是亲社会行为的基石，也为个体进入稳固阶段提供了可用的资源。

经历了前一阶段的冲击、摇摆，个体恢复认知协调的需要占据了上风，他们通过各种方式主动重建认知平衡，也因此形成了具有个人色彩的独特亲社会信念系统。亲社会动机主要源自内在需求的满足与个人能力的提升，即能否从中获得价值和意义。此阶段，亲社会行为是个体的自主选择，也因深层心理需求的持久满足而稳定。尽管所有受访者都遵循着从低到高的发展顺序，却有着不同的发展轨迹。大部分人经历了完整的三阶段，也有个别受访者第二阶段并不明显，相比之下，这类跨越式发展的助人者呈现出某些共性。首先，他们的自我概念、自我评价比较稳固，似乎从未受到负面信息的冲击，也从不怀疑自己的亲社会信念。对此本研究更倾向于认为他们稳固的自我评价过滤掉了负面信息，因而没有影响亲社会行为。此外，他们早在形成期就出现了个人心理需求获得满足的萌芽，很早就意识到亲社会不只有利他，也有自利的一面。随着自利的比重不断增加，超过利他成为主要动机，个体便进入第三阶段。在上述因素的共同作用下，受访者在访谈中基本没有提到或很少关注亲社会的成本或代价，而更强调行为本身对自己的意义。另外，还有个别受访者在接受访谈时仍处于第二阶段或第二到第三阶段的过渡期，这些人的共同点是已经或正在经

---

① 许丹，李亦欣．个体助人行为的形成与发展：基于扎根理论的探究［J］．心理科学，2020，43（5）：1243-1249．

历信念冲击，质疑原有亲社会信念的正确性和合理性；注重外界反馈和别人的看法，尚未建立亲社会与个人心理需求或价值观念的联系。虽然无法预测他们的发展趋势，是会进入第三阶段还是一直停留在第二阶段，但这也提示，或许亲社会行为的发展并非都能进入稳固期。

二、研究发现

本研究构建了大学生亲社会行为形成与发展的模型。一方面，本研究依据行为背后个体持有的信念和主要动机，将亲社会行为的发展划分为三个阶段：形成阶段——主要出于遵循天性和顺应教育及社会文化的要求，具有稳定但外控的特征；冲击阶段——因遭遇现实困境而呈现出不稳定的特点，此阶段个体较注重亲社会行为获得的外部反馈；稳固阶段——呈现出更高的自主性和独特性，具有稳定且内控的特征。不同个体的发展轨迹并非完全相同，总体上遵循从低到高的发展顺序，但也存在跨越式发展或未进入第三阶段的情况。另一方面，本研究探索出影响大学生亲社会行为的因素主要为责任意识、共情、生活环境、道德情绪、从众心理、信息影响、规范影响、利他行为以及环境改善。

第三节　项目的研究框架

很久以来，哲学家、神学家和教育学家一直在思考思维与行为、性格与行为、私人语言与公众行为之间的关系。有学者认为，目前，大多数教育理念都基于这样一种普遍性假设，即我们的个人信念和感情决定我们的行为，而且改变行为，就必须改变精神与灵魂。但也有研究认为，态度并不能预测行为。比如，学生对于作弊的态度与他们实际作弊行为几乎没有关系。同样，亲社会态度与亲社会行为也可能没有必然的联系，有的人表现出积极的亲社会态度，但是却拒绝为亲社会行为付出代价，即所谓“道德伪善”。比如有的人承诺捐款，却打的是空头支票。但在特定的情境下，态度是有效的，可以显示行为取向。如当我们的态度与行为偏离可能会受到外界的惩罚时，或者当我们的行为是自发起作用的时候。根据参考群体理论，信息性影响可以导致被影响者产生发自内心的顺从或抗拒，或者是形成自我评价的对比标准（Kelly，1952）。因此，我们结合第二节的研究结论并利用信息影响测试被试者的亲社会态度变化，用规范性影响测试亲社会行为的变化。因为在规范性影响下，我们的亲社会态度与行为可能是不一致的，被试者具有亲社会态度，可能是因为害怕遭到来自参考群体的惩罚，其行为具有暂时性。因此，我们将态度、行为分开进行研究，研究框架如图 3-2 所示①。

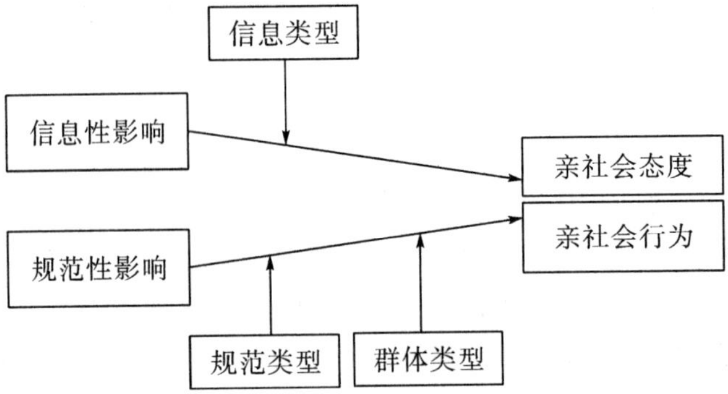

图 3-2 假设框架

① 师晓娟. 参考群体对大学生亲社会态度和行为的影响研究［D］. 拉萨：西藏大学，2011.

第四章　参考群体信息对大学生亲社会态度的影响

老人摔倒扶不扶的问题近些年来一直被人们热议，也让“老人摔倒你扶不扶”由一个简单的二元选择问题变成一个社会性问题。这样一个简单的“扶”与“不扶”的问题，引发了无数人的思考。究竟是什么改变了人们，是什么让一部分人丢失了这些传统美德，使他们陷入“感性”与“理性”的斗争中。一方面是对弱者的同情，本能地想去给予帮助；另一方面又在畏惧是否事后会反遭诬陷，深陷其中。这看似是当事者自己做的选择，但实际上还包含已有案例、媒体宣传、周围人的反应等对其选择造成的影响，使原本简单的问题变得复杂，最终演变成人群的“冷漠围观”。到底是什么改变了人们以往的选择？

在信息传播迅速的今天，人们的亲社会态度常常受到各种负面信息的影响。当他人遇到困难与危险时，有人伸出援手予以帮助，事后却反遭诬陷指责，这使得人际间的关系逐渐变得“冷漠”起来。当然，人们也会受到正面信息的激励，这种激励使人们敢于用行动去传播正能量。这两种信息类型究竟对人们的亲社会态度有何影响？哪种信息的影响力更大？现代社会的发展到底需要什么样的信息？

为了回答这些问题，本研究选取了大学生作为研究对象。大学生是一个思想正在逐渐成熟的群体，他们有自己的个性并乐于接受和探求外部世界的多样信息，特别是诸如老师、同学、家人、朋友或者网络认同者等参考群体的信息，这些信息可能会对他们的思想行为产生实质性的影响。大学生作为年轻人中具有代表性的群体，是中国社会未来发展的中坚力量，研究他们在参考群体信息影响下如何对信息进行选择、解释和处理，以及在这些影响下的亲社会态度，不仅有利于学校正确利用外部信息对大学生进行德育教育，引导学生树立正确的价值观，同时也有利于政府对信息进行有效管控，有利于社会主义核心价值体系的培育和践行。

第一节　理论背景与研究假设

从社会层面而言，亲社会行为是一种常见的积极社会现象，是人与人之间形成良好人际关系的重要基础，在人类的生存和社会的进步方面起到了举足轻重的作用。从个人层面来讲，亲社会行为是个体社会化过程中较为普遍的社会行为，是评价个体社会化发展程度的重要指标。从大学生群体来看①，亲社会行为就是大学生在特定社会情景下表现出的为他人所赞赏的行为，包括友谊、慈善、牺牲、合作等。在一般的社会关系中，他人主要是指非特定的他人，为数众多，既不知其名，又不识其貌，即一种概念化的他人，如“无颜见江东父老”“无脸见人”“我做了这么糟糕的事情，别人会怎么想”中的“父老”“人”“别人”均属于非特定他人的范畴（杨国枢 等，2009）。

参考群体之所以能够对被影响者产生信息影响，主要是因为被影响者把参考群体成员的行为或观念当作潜在的有用信息进行参考，或者将他们的言行当作榜样进行模仿。所谓参考群体，就是一个在现实中的确存在或由被影响者想象的个人或群体，这些个人或群体与被影响者的个体评价、追求或行为显著相关（Park et al.，1977）。因此，参考群体在某种特定的情况下，是可以作为向导而使用的群体（Crisp 等，2008）。参考群体在社会互动当中具有某些特殊的权力，这种权威取向一般源自垂直式的人际关系。比如在学校里，权威取向主要表现为教师、辅导员对学生实施权力影响，即所谓的“专家权”。参考群体对被影响者的影响程度取决于被影响者与群体成员的相似性，以及施加影响的群体成员是否具有真正高尚的情操、坚定的亲社会倾向等。例如，当某人发现一个非常熟悉的群体或个人，具有一贯的亲社会态度与行为，这个群体或个人的言行就会潜移默化地影响他或者对其潜意识中的亲社会态度进行唤醒，提升其亲社会态度；反之，则会降低其亲社会态度。

在亲社会行为中，当实施者对行为没有明确导向时，就可能出现参考周围人或群体的情况。研究表明，在一个需要紧急救助的现场，在场的旁观者越多，紧急事件受害人获得救助的概率越小，即所谓的旁观者冷漠（Latane et

---

① 师晓娟. 参考群体对大学生亲社会态度和行为的影响研究：以西藏自治区大学生为例[D]. 拉萨：西藏大学，2011.

al., 1976; Latane et al., 1981)。对于旁观者冷漠，Latane 与 Darely（1976）给出了两种解释：责任分散与旁观者抑制，并用信息性和规范性社会影响作为函数验证了其解释，验证结果如表 4-1 所示。

表 4-1 Latane 与 Darely 的助人可能性实验①

条件	社会影响强度	预料的助人可能性
单独	0	最高
责任分散	+1	高
责任分散，或信息性影响，或规范性影响	+2	低
责任分散，且信息性影响，或规范性影响	+3	最低

Latane 在实验中采用了负面的社会性影响信息，即负面信息会导致旁观者冷漠。因此，当亲社会行为实施者认可的参考群体利用负面信息影响他的亲社会态度时，其态度水平将会显著降低；但如果参考群体提供的是正面信息，被影响者会把参考群体成员的信息当作潜在有用的信息，被影响者因此将强化自身在某情景下的移情性水平，甚至可能将信息的内容内化为自身的价值规范（Park et al., 1977; Batson et al., 1981），其亲社会态度水平会被显著提升。由此，本研究提出如下假设：

H_{1a}：参考群体的正面信息影响会提高被影响者的亲社会态度水平；

H_{1b}：参考群体的负面信息影响会降低被影响者的亲社会态度水平。

参考群体的信息性影响源自个人把参考群体成员的行为和观念当作潜在的有用信息加以参考，其影响程度取决于被影响者与群体成员的相似性，以及施加影响的群体成员的专长性。当信息源可信时，信息最容易被被影响者内化；相较于正面信息，同等强度的负面信息的影响力度更强（*Ito et al*, 1998）。由此本研究提出如下假设：

H_{2a}：负面参考群体信息对被影响者亲社会态度值的降低水平要高于正面信息对亲社会态度的提升水平；

H_{2b}：相较于普通媒介信息，参考群体信息对大学生的亲社会态度影响更大。

根据移情理论（Batson et al., 1981），当一个人（观察者）在观察到另一个人或群体（被观察者）处于一种情绪状态（如亲社会态度）或实施一种行

① 师晓娟. 参考群体对大学生亲社会态度和行为的影响研究：以西藏自治区大学生为例[D]. 拉萨：西藏大学，2011.

为（如亲社会行为）时，就会产生与被观察者相同的情绪体验①。当参考群体发出的正面信息与被影响者的情绪一致时，被影响者的生理反应将会迅速提高，从而出现生理唤醒状态（Gaertner et al.，1977）。相反，当参考群体信息（负面信息）与被影响者的亲社会态度不一致时，被影响者可能会对需要救助的事件表现出防御机制，从而对被需要帮助的人或事产生距离感，表现出旁观者冷漠效应。对亲社会态度的众多研究成果均表明：移情是亲社会行为的重要促进因素，是亲社会行为的重要动机源。按照参考群体社会影响理论，移情对亲社会行为的影响是按“移情—认同—亲社会态度”这一模式产生的。由此本研究提出如下假设：

H_{3a}：参考群体的正面信息使被影响者的移情性更高；

H_{3b}：参考群体的负面信息使被影响者的距离感更强；

H_4：移情性是参考群体信息影响与被影响者亲社会态度的中介变量。

第二节　研究一：定性研究

目前，根据社会情境的不同，关于亲社会行为的研究普遍采用的实验设计有两种，分别是有求助情境和无求助情境。这里的有无求助情境主要是指实验设计中是否包含有人请求救助的情景。此外，有求助情境的研究设计包括紧急助人情境和非紧急助人情境。在紧急助人情境实验设计中，研究者一般设计一个会给被试者传达一种痛苦刺激的紧急情景（邢采 等，2015）。例如，告知被试者有人在大街上摔倒了，隔壁房间有人喊救命等，然后观察被试者的反应（Graziano et al.，2007）。在一项经典研究中，研究者让实验组儿童在实验室玩游戏，并告知他们隔壁房间也有儿童在做游戏，随后，隔壁会传来儿童的哭声——“我的手指流血了，好痛啊!”，观察实验组儿童是否会去给隔壁房间受伤的孩子提供帮助。在现实生活中，除了紧急助人情景，更多的是非紧急助人情景。因此，随着对亲社会行为研究的深入，研究者们设计出更多非紧急的助人情景。目前应用较多的是慈善捐助任务（Almunia et al.，2020）。Gacia 等（2002）在研究中让被试者阅读材料：“假设你现在已工作多年，你愿意将年收入的百分之多少用于慈善事业?”被试者在 1%到 100%中做出选择。另有研

① 师晓娟. 参考群体对大学生亲社会态度和行为的影响研究：以西藏自治区大学生为例[D]. 拉萨：西藏大学，2011.

究者让被试者阅读帮助孤寡老人、慰问福利院儿童、为地震洪水灾区捐款等材料，之后在李克特量表上表明自己的助人意愿，或者写出愿意捐赠的金额（假设被试者有一定的经济基础）（Sisco et al.，2019）。

亲社会行为符合我国的社会价值教育。我国的社会价值教育注重个体对社会整体的奉献，对集体的关爱和对他人的互尊互助，是个人健康成长和社会稳定进步的价值导向。正处在特殊的人生成长阶段，即初显成人期的大学生，刚刚脱离相对封闭的高中生活，面对新的环境不仅缺少社会经验，也没有形成成熟的理性思维。这一时期的大学生虽然步入初显成人期，已由青少年开始向成人转变，但自我调控能力的不足导致其很容易情绪化，而且其社会化程度又各自不同①，因此其亲社会态度与行为比较容易受参考群体的影响。

为进一步探究其影响，本研究将主要研究参考群体对大学生的亲社会态度与行为的影响（包括信息影响与规范影响）。本研究选取的研究对象是西藏自治区的在校大学生。为了解和探索现代大学生的亲社会态度与行为，以及参考群体对大学生亲社会态度与行为的影响②，本研究采用抽样访谈的形式进行预调研。访谈的问题情景设置为紧急助人。

首先，设计简单的访谈提纲。为了解当前大学生亲社会态度与行为，本次访谈主要以情景假设方式进行，假设研究对象面对的是一位摔倒在地的老人且急需他人帮助。访谈内容主要是以“老人摔倒后，你是否会去扶起”“若参考群体提醒其可能会被诬陷，是否还会继续扶老人”为访谈的主线，结合具体研究对象的具体回答，探析研究对象是否会被参考群体所影响。

其次，采用简单随机抽样的方式选取部分同学进行采访。本次访谈是在各高校食堂前进行随机抽样访谈。采访到的十余名大学生，均对访谈问题做出了回答。访谈的过程由录音设备进行录音，并做好记录，为后期访谈内容整理工作做好铺垫。

最后，对访谈内容进行梳理。根据具体的访谈内容，对访谈过程与结果进行分类汇总。整理出以下具有典型意义的三位学生的访谈记录③。

1. 学生甲

问：“如果路边有一位老太摔倒，你会去扶她吗？”

答：“当然会。”

---

① 李铁. 培养大学生亲社会行为的个案工作实践［D］. 长春：长春工业大学，2018.

② 师晓娟. 参考群体对大学生亲社会态度和行为的影响研究：以西藏自治区大学生为例［D］. 拉萨：西藏大学，2011.

③同②.

问："如果旁边有人提醒你，说她有可能会赖上你，你还会帮他吗？"

答："你说得有道理，我也不知道。"（笑）

2. 学生乙

问："如果路边有一位老太摔倒，你会去扶她吗？"

答："当然会。"

问："如果旁边有人提醒你，说她有可能会赖上你，你还会帮他吗？"

答："我会的，我相信还是好人多。"

3. 学生丙

问："如果路边有一位老太摔倒，你会去扶她吗？"

答："我得看情况。如果旁边还有其他人，我就去扶她。我害怕她会赖上我。"

从上述访谈记录可以看出，不同的学生面对同样的问题有着不同的答案，这在一定程度上说明参考群体的信息的确会对学生的亲社会态度和行为产生影响。为进一步研究参考群体信息对大学生亲社会态度的影响，本研究将采用量表和问卷的方式对这一影响进行深入的探讨。

第三节　研究二：信息类型对亲社会态度的影响

一、亲社会量表选取及信度效度检验

对于价值观，西方理论界一直有主观（Subjective）与客观（Objective）之争。主观论者认为个体主观的欲求、喜爱和兴趣决定一件事是否有价值，如实施亲社会的行为可以令我们感到愉悦，即价值存在于个体的评价，而与被评价的事物并无关联。客观论者则认为价值是独立于其承载者之外的先验的特质，如助人为乐即使不会受到别人的评价，它仍然是一种善行①。由于本研究重在研究参考群体对个体亲社会态度的影响，因此研究内容属于主观论范畴。

本研究采用了台湾学者杨国枢和陆洛（2009）编制的"社会取向自我实现与个人取向自我实现量表"② 来测量大学生的亲社会态度。测试时对量表的每一个维度做了微小的措辞修改，以便参与者明白量表的含义。量表分值采用

① 杨国枢，黄光国，杨中芳. 华人本土心理学 下［M］. 重庆：重庆大学出版社，2008.

② 师晓娟. 参考群体对大学生亲社会态度和行为的影响研究：以西藏自治区大学生为例［D］. 拉萨：西藏大学，2011.

7点量表①。通过量表预测试发现，“造福人群与接受他人”维度的因子载荷值均不显著，因此，本研究实际采用该量表的“心系国家和济世助人”维度作为亲社会态度的测试量表。保留的量表共计8条语句，因子分析时共抽取了3个因子，根据语句的含义，本研究将第一个因子命名为“济世救人”（共4条语句，表明参与者的人生态度），将第二个因子命名为“互惠利他”（共2条语句，表明参与者的利他动机倾向），将第三个因子命名为“社会正义”（共2条语句，表明参与者内在本性的善良倾向）。量表信度效度的验证过程如下。

（一）量表结构效度检验

效度指测量结果的有效程度，它是指测量工具或手段能够准确测出所需测量的事物的程度，或者说实测结果与所要测查的结果的吻合或一致程度。效度系数是指描述某种测量结果、有效性程度的数量指标，常以相关系数来表示。效度是一个相对概念，是相对于测量目的而言的。主观心理测量不可能百分之百的准确，只能达到一定的准确度②。因此本研究采用KMO与Bartlett's球形检验、公因子方差检验、总方差解释、因子载荷等方法检验量表的有效程度。

1. KMO与Bartlett's检验

KMO值与量表的Bartlett's球形检验结果见表4-2。

表4-2 KMO与Bartlett's球形检验

KMO值		0.751
Bartlett's球形检验	卡方值	294
	自由度	28
	伴随概率 P	<0.001***

注：* $p<0.1$，** $p<0.05$，*** $p<0.01$。

Bartlett's球形检验是一个数学术语，用于检验相关阵中各变量间的相关性，以及其是否为单位阵，即检验各个变量是否各自独立。因子分析前，首先进行KMO检验和巴特利球形检验。在因子分析中，若拒绝原假设，则说明可以做因子分析，若不拒绝原假设，则说明这些变量可能独立提供一些信息，不适合做因子分析。

（1）KMO检验。KMO检验为取样适当性检验，其取值在0和1之间，值越接近1，表明变量间的相关性越强，原有变量越适合作因子分析。KMO值一

① 杨国枢，陆洛．中国人的自我：社会心理学分析［M］．重庆：重庆大学出版社，2009.

② 刘海．西部地方政府公共卫生服务体系改革研究［D］．兰州大学，2012.

般要求要大于0.7，若小于0.5，表示不适合做因子分析。本例中的KMO值等于0.751，表示适合进行因子分析。

（2）Bartlett's球形检验。本量表的Bartlett's球形检验的卡方值等于294（$P<0.0001$），结果显著，这表示样本的相关矩阵间有共同因素存在，适合进行因子分析。

2. 公因子方差检验

公因子方差是几个公因子方差的累计贡献率，累计贡献率越高，说明提取的这几个公因子对于原始变量的代表性或者说解释率越高，整体的效果就越好[①]。本例公因子方差结果见表4-3。根据Kaiser准则，题项公因子方差最好在0.7以上，如果被试样本数大于250，公因子方差应在0.6以上。本例中最小值为0.597，基本达到要求，因此，对本量表的题项不做删除处理。

表4-3 公因子方差检验

语句编码	初始值	旋转值
（1）	1.000	0.751
（3）	1.000	0.647
（4）	1.000	0.622
（5）	1.000	0.754
（10）	1.000	0.597
（11）	1.000	0.676
（12）	1.000	0.619
（13）	1.000	0.600

3. 总方差解释

本研究采用最大正交旋转方法，也称正交旋转法（varimax rotation，即spss中的varimax），是使每个因子上具有的最高载荷变量数最小，可简化对因子解释的旋转法。本研究中3个因子解释了65.806%的总变异量（见表4-4），表明前三个因子可以说明构想的含义。结合原始题项，本研究对第一个因子命名为“济世救人”，表明被试者的人生态度，包括语句（10）（11）（12）（13）；第二个因子命名为“利他因子”，表明被试者的利他动机，包含语句

① 师晓娟. 参考群体对大学生亲社会态度和行为的影响研究：以西藏自治区大学生为例[D]. 拉萨：西藏大学，2011.

(4)(5)；第三个因子命名为“正义因子”，表明被试者的本性，包含语句(1)(3)。

表 4-4 总方差解释表

成分	初始特征值			旋转后的特征值		
	Total	方差(%)	累积方差(%)	Total	方差(%)	累积方差(%)
1	2.820	35.248	35.248	2.301	28.765	28.765
2	1.378	17.222	52.470	1.494	18.671	47.436
3	1.067	13.336	65.806	1.470	18.370	65.806
4	0.660	8.255	74.061			
5	0.628	7.854	81.915			
6	0.541	6.760	88.675			
7	0.516	6.450	95.125			
8	0.390	4.875	100.000			

注：抽取方法为主成分。

4. 因子载荷

因子载荷 a_{ij} 的统计意义就是第 i 个变量与第 j 个公共因子的相关系数，即表示 X_i 依赖 F_j 的分量（比重）①。统计学术语称之为权；心理学家称之为载荷，即表示第 i 个变量在第 j 个公共因子上的负荷，它反映了第 i 个变量在第 j 个公共因子上的相对重要性。

表 4-5 中每条语句的因子载荷值均大于 0.7，表示可以采用该量表的这些语句进行测量。

表 4-5 量表语句的因子载荷值

语句编码	因子		
	1	2	3
(1)			0.842
(3)			0.757
(4)		0.732	
(5)		0.860	

① 师晓娟. 参考群体对大学生亲社会态度和行为的影响研究：以西藏自治区大学生为例[D]. 拉萨：西藏大学，2011.

表4-5(续)

语句编码	因子		
	1	2	3
(10)	0.713		
(11)	0.763		
(12)	0.747		
(13)	0.759		

(二) 量表的信度检验

我们采用含有多个项目的量表来测量人们的意见、态度、看法等，这样得到的结果是否准确、可靠，是否具有适用性？这就需要评价量表的信度和效度。从理论的观点来看，一个良好的测量工具（量表）应具有足够的效度和信度。信度即可靠性，是指采用同一方法对同一对象进行调查时，问卷调查结果的稳定性和一致性，即测量工具（问卷或量表）能否稳定地测量所测的事物或变量。

在本研究中，由总信度检验可知（见表4-6），量表的总α信度系数=0.816>0.7，完全符合要求。分项信度系数检验表显示，删除任一题项，量表的信度系数均会变小，所以本量表不删除任何题项（见表4-7）①。

表4-6　量表总信度检验

Cronbach's Alpha 系数	N of Items
0.816	8

表4-7　量表语句的分项信度系数检验

语句编码	删除后的均值	删除后的方差	与量表的总相关系数	删除后的 Cronbach's Alpha 系数
(1)	28.372 2	14.917	0.335	0.704
(3)	28.700 0	14.915	0.288	0.717
(4)	28.194 4	14.973	0.416	0.687
(5)	28.350 0	15.458	0.316	0.706

① 师晓娟. 参考群体对大学生亲社会态度和行为的影响研究：以西藏自治区大学生为例[D]. 拉萨：西藏大学，2011.

表4-7(续)

语句编码	删除后的均值	删除后的方差	与量表的总相关系数	删除后的 Cronbach's Alpha 系数
(10)	28.222 2	13.637	0.550	0.657
(11)	28.188 9	13.919	0.611	0.649
(12)	28.266 7	13.906	0.489	0.670
(13)	28.077 8	15.424	0.304	0.709

（三）量表的验证性

为了谨慎起见，本研究采用结构方程模型对量表进行验证性检验。量表的结构方程测试模型及模型适配度检验的相关参数如图 4-1 所示。

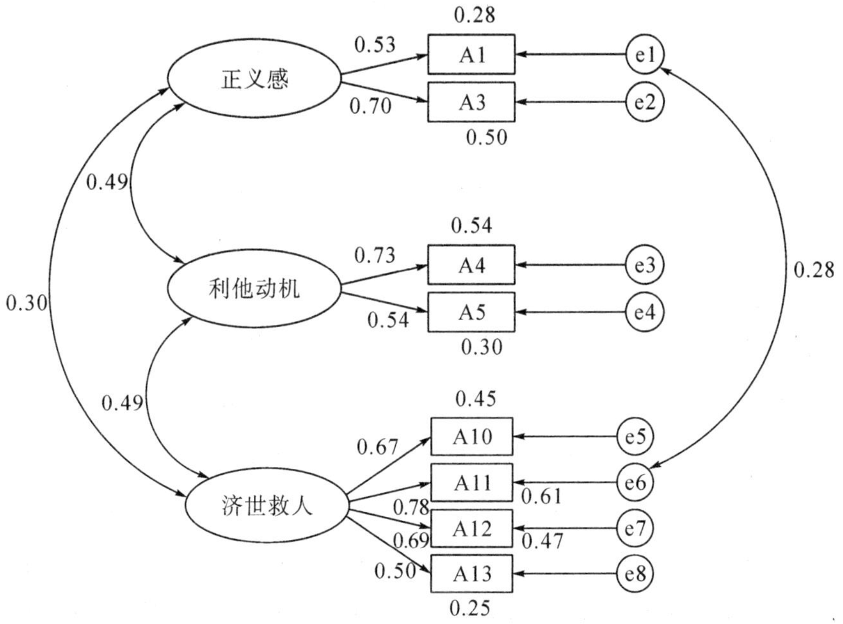

图 4-1　量表的 SEM 测量

1. 基本适配度检验摘要表（见表 4-8）

表 4-8　基本适配度检验摘要表

评价项目	检验结果	模型是否适配
是否没有负的误差变异量	均为正数	是
因素负荷值是否介于 0.5 和 0.95 之间	0.50~0.78	是

2. 整体模型检验表（见表4-9）

表4-9　整体模型检验表①

统计检验量	适配的标准或临界值	检验结果	模型是否适配
绝对适配度			
Chi-square 值	P>0.05	0.168	是
RMR	<0.05	0.049	是
RMSEA	<0.08	0.044 3	是
GFI	>0.90	0.995	是
AGF1	>0.90	0.997	是
增值适配度指数			
NFI	>0.90	0.995	是
RFI	>0.90	0.983	是
IFI	>0.90	0.997	是
TLI	>0.90	0.991	是
CFI	>0.90	0.997	是
简约适配度指数			
Chi-square 自由度比	小于2	1.33	是
AIC 值	理论模型小于独立模型，且同时小于饱和模型	61<72 61<315	是
CAIC	理论模型小于独立模型，且同时小于饱和模型	145<222 145<349	是

根据以上分析，可以得出如下结论。①本模型的基本适配指标均达到检验标准，表明模型的基本适配指标良好，没有违背模型的辨识规则。②模型的绝对适配度、增值适配度指数的所有指标均符合要求，在自由度等于16的情况下，模型的卡方值=21.3，伴随概率=0.168>0.05，表示可以接受模型的零假设，即理论数据与模型相吻合。简约适配度指数中Chi-square自由度也达到标准。总体而言，模型的适配度良好，模型的外在质量佳，收敛效度好。③模型没有发生变量横跨两个因素的现象，表明模型的区别效度好。

① 师晓娟. 参考群体对大学生亲社会态度和行为的影响研究：以西藏自治区大学生为例[D]. 拉萨：西藏大学，2011.

因此，以这几条语句测试被试者的亲社会态度，效果应该很稳定①。

二、实验设计

本实验为情景模拟实验。实验中，参考群体为大学生的参考群体（教师或辅导员），这是因为参考群体对个体有着强大的影响力②。参考群体的信息被分为三种水平：正面信息、负面信息以及无外部信息。本次实验参与者均为西藏高校在校大学生。实验开始时，首先让参与者阅读两则文字材料，材料 1 描述了香港“爱心义工”黄福荣在青海玉树地震中的英勇事迹，材料对此事件的评价是积极的，核心评价词汇是“感人”。材料 2 描述了广东省吴伟青与周大爷的纠纷事件，材料对此事的评价是消极、负面的。实验时，将阅读材料分发给三组参与者。参与者阅读完材料 1 后，其中的第一、二组由年级辅导员对材料分别给出正面评价信息和消极评价信息：正面评价信息肯定了黄福荣的爱心义举，负面信息则认定黄福荣为“个人英雄主义”，批判其对家庭责任的漠视；第三组则不给定除材料以外的任何信息。参与者阅读材料 2 后，实验采用与实验 1 相同的处理措施。

本次实验对每一个信息水平均抽取 30 个样本，实验共获得 180 个样本。实验采用集中测试方式进行。为了获取真实的信息，每位参与者均被赠送市值 2 元左右的铅笔。参与者首先被要求阅读相关材料，然后再进行问卷填写。本次实验调查的所有参与者均认真、完整地填写了问卷，没有无效问卷。

三、假设检验

以参与者样本的亲社会态度值为因变量，参考群体信息类型为自变量进行方差分析（结果见表 4-10）。Levene 方差齐次性检验显示，$F(2, 177)=0.253$，$P=0.777$，表明亲社会态度测量值的方差满足齐次性。方差分析结果显示（见表 4-10），亲社会态度在信息类型上的主效应是显著的：$F(2,179)=38.701$，伴随概率 $P<0.0001$，统计力 $1-\beta=1.0$。这说明“正面信息”“负面信息”“无外部信息”三种实验情景对参与者的亲社会态度影响在统计学意义上存在显著差异。

---

① 师晓娟. 参考群体对大学生亲社会态度和行为的影响研究：以西藏自治区大学生为例[D]. 拉萨：西藏大学，2011.

② CHILDERS T L，RAO A R. The influence of familial and peer-based reference groups on consumer decisions [J]. Journal of Consumer Research, 1992, 19 (9): 198-211.

表 4-10　参与者间方差检验①

因变量：亲社会态度

	方差和	自由度	平均方差	F 值	显著性	统计力
信息类型	1 001.078	2	500.539	38.7	0.000***	1.000
误差	2 289.250	177	12.934			

注：a. $R^2=0.304$（校正 $R^2=0.296$），b. ***：$p<0.01$。

通过均值差异的轮廓图（见图 4-2）可以看出，参与者在参考群体正面信息影响下，亲社会态度得分值最高；其次是无外部信息；得分最低的是参与者面临参考群体负面信息的影响。

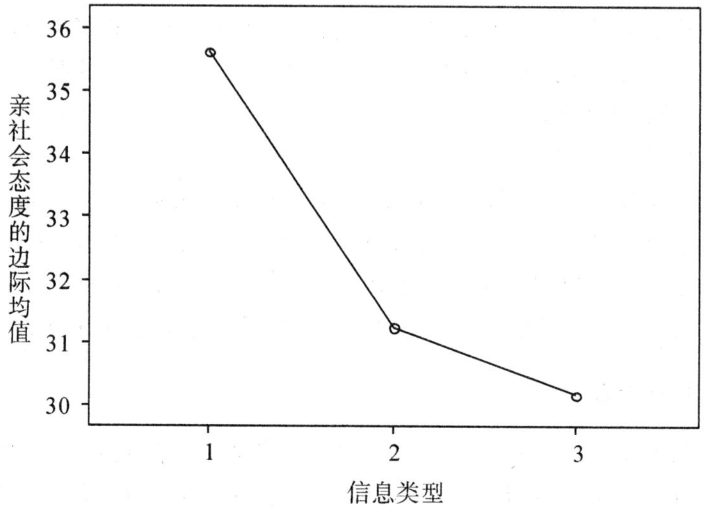

1：正面信息影响　2：外部无信息影响　3：负面信息影响

图 4-2　不同信息类型对参与者亲社会态度影响轮廓图

对不同信息类型影响下参与者的亲社会态度得分进行多元比较，比较结果如表 4-11 所示。“正面信息”与“无外部信息”的均值差异 $\Delta M_1=4.38$，$p<0.001$；“正面信息”与“负面消息”的均值差异 $\Delta M_2=5.45$，$p<0.001$。因此，假设 H_{1a}、H_{1b} 被证实，与“无外部信息”情景相比，“负面信息”对亲社会态度的降低绝对值 $\Delta M_3=5.45$，正面信息对亲社会态度提升的绝对值 $\Delta M_4=$

① 师晓娟. 参考群体对大学生亲社会态度和行为的影响研究：以西藏自治区大学生为例[D]. 拉萨：西藏大学，2011.

4.38，$\Delta M_3-\Delta M_4=1.07$，联合标准差 $\sigma=0.657$，$Z=17.621>Z_{0.05}=1.96$。即与无外部信息影响相比，参考群体负面信息对参与者亲社会态度值的降低水平要高于正面信息对亲社会态度的提升水平，假设 H_{2a} 被证实。分组比较显示，当材料为“正面信息”（“爱心义工”黄福荣）时，与“无外部信息”相比，参考群体在负面信息影响下，其亲社会态度值显著降低：$\Delta M_5=3.76$，$t=5.72$，$P<0.001$；当材料为“负面信息”（“吴伟青事件”）时，与“无外部信息”相比，参考群体正面信息对参与者亲社会态度值的提升水平不显著：$\Delta M_6=0.94$，$t=1.43$，$P=0.157$。假设 H_{2b} 在参考群体负面信息影响情景下被证实，则正面信息影响情景下未获得证实。

表 4-11　不同信息影响下态度值变化多元比较①

因变量：亲社会态度

(I) 信息类型	(J) 信息类型	均值差异 (I-J)	95% 置信区间	
正面信息影响	无外部信息	4.38**	2.83	5.94
	负面信息	5.45**	3.90	7.00
负面信息影响	正面信息	-5.45**	-7.00	-3.90
	无外部信息	-1.07	-2.62	0.49

注：** $p<0.05$。

第四节　研究三：移情性对亲社会态度的中介作用

移情的相关的概念，最早是由德国心理学家 Crisp 提出的，他认为人的认识领域主要分为三个方面：自我、他者的自我以及物（霍夫曼，2003）。怎样理解“他者的自我”呢？这就需要通过移情，这个过程也称为自我客观化。Hoffman（1987）认为，移情是一种设身处地的情绪体验过程，是站在他人的立场来理解他人内在的情绪状态，从而体验到他人的情绪。此外，在《心理学百科全书》中移情被描述为感情的移入，即从他人角度出发，进而感受到他人的情感、想法和认识的心理现象。大部分学者认为，移情是个体对他人的

① 师晓娟. 参考群体对大学生亲社会态度和行为的影响研究：以西藏自治区大学生为例[D]. 拉萨：西藏大学，2011.

处境感同身受，是被一种真实或想象中的情境所引导，而产生与对方相一致的情绪体验。移情包括了情绪和认知这两个互为基础的心理过程①。

一、实验设计

为了验证为什么不同的信息影响会导致不同的态度，我们对被试者进行了进一步的测试。与研究二类似，本实验也采用情景模拟方式。

实验开始时我们首先给被试者一段材料，并为不同被试者配以 3 种不同的文字说明。通过不同的文字内容，考察被试者在不同信息影响下的亲社会态度。

文字说明 1：2010 年 4 月 3 日中午，在南京长途汽车站附近，一名背着印有 LV 字样款背包的女子，跪倒在人行道上，身前的地面上用粉笔写着“请求 3 元打电话或吃饭，如方便帮点路费”。女子身体健康、容貌清秀、穿着时髦，膝下有一厚厚的垫子（防止膝盖受损），戴的眼镜看起来价钱也不低，如果不是看见她在向你乞讨“回家的路费”，你一定会认为这是一个时髦的女子。

文字说明 2：2010 年 4 月 3 日中午，在南京长途汽车站附近，一名背包女子跪倒在人行道上乞讨。女子身体健康、容貌清秀，是某高校在校大学生，从小父母离异，三个月前，相依为命的母亲不幸身患白血病。为了筹集医药费，她今天偷偷到一个离学校较远的地方乞讨，希望能得到帮助。

文字说明 3：2010 年 4 月 3 日中午，在南京长途汽车站附近，一名背包女子跪倒在人行道上，身前的地面上用粉笔写着“请求 3 元打电话或吃饭，如方便帮点路费”。

文字说明的主要内容是介绍材料中的女子进行乞讨的行为，但对女子的身份背景等内容的介绍是不同的，以期通过这样的设计来考察不同信息所产生的移情性对被试者所造成的影响。实验要求被试者描述他们看到材料中女子行为的心情，并在李克特量表中打分。其中“1”表示“一点也没有”“7”表示“非常强烈”（见表 4-12）。

① 卢永兰. 大学生道德推脱、移情和亲社会行为的特点及其关系研究［D］. 福州：福建师范大学，2013.

表 4-12　学生心情测量表

	一点也没有					非常强烈
（1）同情的	1- - - -2- - - -3- - - -4- - - -5- - - -6- - - -7					
（2）可怜的	1- - - -2- - - -3- - - -4- - - -5- - - -6- - - -7					
（3）忧虑的	1- - - -2- - - -3- - - -4- - - -5- - - -6- - - -7					
（4）怜悯的	1- - - -2- - - -3- - - -4- - - -5- - - -6- - - -7					
（5）心烦的	1- - - -2- - - -3- - - -4- - - -5- - - -6- - - -7					
（6）值得帮助的	1- - - -2- - - -3- - - -4- - - -5- - - -6- - - -7					
（7）我想帮助她	1- - - -2- - - -3- - - -4- - - -5- - - -6- - - -7					

注：（5）为反向题项。

实验采用集中测试方式进行。首先要求被试者阅读相关材料，然后再进行问卷填写。所有参与调查的人员均完整填写了试卷，没有无效问卷。针对以上3种情景，分别调查了31名、33名、32名大学生，共计96个样本；其中男性82人，女性14人。

二、量表的结构效度检验

1. KMO与Bartlett's球形检验

KMO与Bartlett's球形检验的分析结果如表4-13所示。

表 4-13　KMO 与 Bartlett's 球形检验①

KMO值		0.885
Bartlett's 球形检验	卡方值	402
	自由度	21
	伴随概率 P	<0.001***

注：* $p<0.1$，** $p<0.05$，*** $p<0.01$。

（1）KMO检验。KMO检验统计量主要是用于比较变量间简单相关系数和偏相关系数的指标。当所有变量间的简单相关系数平方和远远大于偏相关系数平方和时，KMO值越接近于1，意味着变量间的相关性越强，原有变量越适合作因子分析；反之，当所有变量间的简单相关系数平方和接近0时，则意味着变量间的相关性越弱，原有变量越不适合做因子分析。在本例中的KMO值等于

① 师晓娟. 参考群体对大学生亲社会态度和行为的影响研究：以西藏自治区大学生为例[D]. 拉萨：西藏大学，2011.

0.885，接近于1，表示原有变量适合进行因子分析。

（2）Bartlett's球形检验。本量表的Bartlett's球形检验的卡方值等于402（$P<0.001$），在0.01的显著性水平下达到显著，表示样本的相关矩阵间有共同因素存在，适合进行因子分析。

2. 公因子方差检验

公因子方差结果如表4-14所示。本例中最小值为0.545，根据Kaiser准则，基本达到要求，因此，对本量表的题项不做删除处理。

表4-14 公因子方差检验

	初始值	旋转值
（1）	1.000	0.827
（2）	1.000	0.759
（3）	1.000	0.672
（4）	1.000	0.668
（5）	1.000	0.545
（6）	1.000	0.857
（7）	1.000	0.812

3. 总方差解释

本研究采用最大正交旋转方法（见表4-15），两个因子解释了73.42%的总变异量，表明前两个因子已经足够说明学生"同情心"这个构想的含义，碎石图也表明前两个因子足够说明问题（见图4-3）。结合原始题项，本研究将第一个因子命名为"移情因子"，表明被试者愿意设身处地地为材料中的女子考虑；第二个因子命名为"距离因子"，表明被试者对女子行为的不赞成态度。

表4-15 总方差解释表

成分	初始特征值			旋转后的特征值		
	Total	方差(%)	累积方差(%)	Total	方差(%)	累积方差(%)
1	4.043	57.754	57.754	4.031	57.581	57.581
2	1.097	15.669	73.424	1.109	15.842	73.424
3	0.810	11.566	84.989			

表4-15(续)

成分	初始特征值			旋转后的特征值		
	Total	方差(%)	累积方差(%)	Total	方差(%)	累积方差(%)
4	0.399	5.699	90.688			
5	0.306	4.365	95.053			
6	0.209	2.990	98.043			
7	0.137	1.957	100.000			

注：抽取方法为主成分。

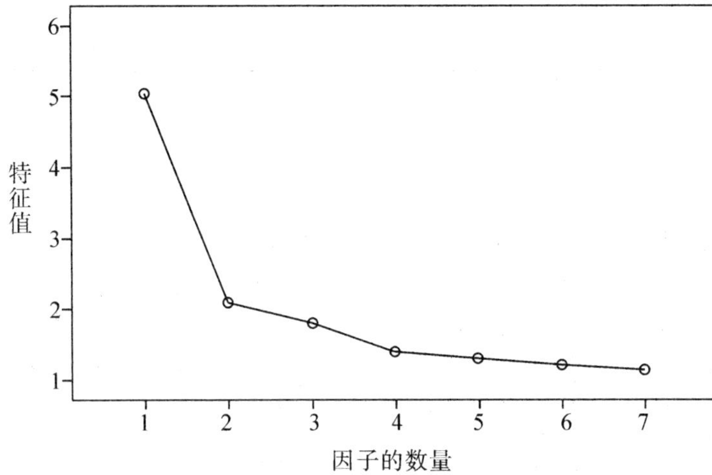

图 4-3　碎石图

4. 因子载荷

表 4-16 中的因子载荷值显著。因此，可以用该量表来说明问题。因子分析显示，量表可以分为两个维度，语句（3）与语句（5）为一个维度，本研究将其命名为“距离因子”；其余 5 条语句为一个维度，本研究将其命名为“移情因子”。因子分析的 KMO 值=0.885，Bartlett 球形检验卡方值=402（$P<0.001$），两个因子的方差总贡献率=73.4%。

表 4-16　因子载荷值①

	成分	
	成分 1	成分 2
(6)	0.919	
(1)	0.908	
(7)	0.895	
(2)	0.871	
(4)	0.815	
(3)		0.790
(5)		0.675

注：成分 1 为移情，成分 2 为距离。

三、假设检验

分别以距离因子、移情因子为因变量，以信息影响情景为自变量进行单因素方差分析，方差分析结果如表 4-17 所示。结果显示，距离因子在信息差异上的主效应不显著：$F(2, 95) = 1.16$（$P = 0.318 > 0.05$），统计力 $1 - \beta = 0.348 < 0.5$，假设 H_{3b} 未获得证实。而移情因子在信息差异上的主效应是显著的：$F(2, 93) = 39.18$（$P < 0.0001$），统计力 $1 - \beta = 1.000$。

表 4-17　方差检验结果②

	方差和	df	平均方差	F 值	显著性	统计力
距离因子	19.4	2	9.7	1.16	0.318	0.249
移情因子	3 869.3	2	1 934.6	39.18	0.000***	1.000

注：***：$p < 0.01$。

图 4-4 显示，当给实验材料的主人公配以正面信息说明时，参与者的移情因子得分最高；配以负面信息说明时次之，无外部信息说明时最低③。Tukey 同质检验（见表 4-18）显示，负面信息说明与无外部信息说明不存在统计学意义上的差别，均落在一个维度上——即在“负面信息”“无外部信息”两种

① 师晓娟. 参考群体对大学生亲社会态度和行为的影响研究：以西藏自治区大学生为例[D]. 拉萨：西藏大学，2011.

②③同①.

情景下，参与者对材料中女子的移情性没有表现出显著差别。之所以会出现这种情况，可能是因为当前揭露乞讨现象为骗局的报道较多。在无外部信息干预下，参与者就会按照潜移默化的判断标准进行判断，而这种标准，常常源自大众媒介的负面信息。

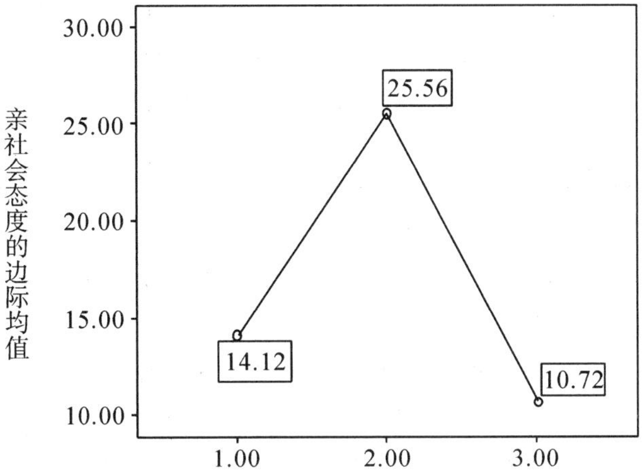

1. 负面信息影响；2. 正面信息影响；3. 无外部信息影响

图 4-4　移情因子方差分析轮廓图

表 4-18　Tukey 同质性检验

情景	样本量	子集	
		1	2
无外部信息	32	2.142	
负面信息	31	2.734	
正面信息	33		4.126
P 值		0.203	1.000

注：使用 Harmonic 平均样本＝31.979。

表 4-18 显示，正面信息情景下，参与者的移情性相较于另外两种情景存在显著差异。多元比较结果显示（见表 4-19），在正面信息影响下，参与者的移情均值要显著高于负面信息影响下的均值，均值差异 $\Delta M=2.39$（$p<0.001$）。同样，在正面信息影响下，参与者的移情均值要显著高于无外部信息情景影响下的均值，均值差异 $\Delta M=2.982$（$p<0.001$）。因此，假设 H_{3a} 被证实。

表 4-19　移情性的多元比较①

因变量：移情性

(I) 移情	(J) 移情	均值差异 (I-J)	标准误	显著性	95% 置信区间	
正面信息	负面	-2.390**	1.720 21	0.000***	-16.05	-7.86
	正面	0.590	1.733 18	0.208	-1.16	7.08
负面信息	正面	2.390**	1.720 21	0.000***	7.86	16.05
	无信息	2.982	1.706 30	0.000***	10.85	18.98

注：***，$p<0.05$。

根据 Baron 和 Kenny（1986）的检验方法，本研究对移情性的中介作用进行检验，构建如下方程：

$$QSHTD = C_1 + \alpha_1 \times XXLX + \varepsilon_1 \quad (4-1)$$

$$YQX = C_2 + \alpha_2 \times XXLX + \varepsilon_2 \quad (4-2)$$

$$QSHTD = C_3 + \alpha_3 \times YQX + \beta \times XXLX + \varepsilon_3 \quad (4-3)$$

其中：QSHTD ——亲社会态度；YQX——移情性；XXLX——信息类型。

回归结果如表 4-20 所示。

表 4-20　中介效应检验②

变量	方程（4-1） QSHTD	方程（4-2） YQX	方程（4-3） QSHTD
C_i	2.997 (25.320***)	2.344 (9.083)	2.547 (10.363***)
XXLX	1.013 (6.055***)	0.368 (4.780)	0.587 (3.987***)
YQX	—	—	0.179 (2.078**)
R^2	0.272	0.189	0.289
F	36.66***	22.85***	21.11***

注：(1) 括号内为 t 值；(2) * $P<0.1$, ** $P<0.05$, ** $P<0.001$。

① 师晓娟. 参考群体对大学生亲社会态度和行为的影响研究：以西藏自治区大学生为例[D]. 拉萨：西藏大学，2011.

②同①.

方程（4-3）的共线性诊断显示，条件指数 Index = 7.36<100，所有变量的 VIF 值均等于 1.438<10.0，表明方程（4-3）不存在共线性问题。所有方程的回归残差 P-P 图均近似服从标准状态分布，且残差与自变量不存在显著相关。由表 4-20 可知，上述回归方程符合以下条件：

（1）自变量信息类型的变化能显著解释大学生亲社会态度的变化①；

（2）自变量信息类型的变化能显著解释大学生移情性的变化；

（3）当控制中介变量后，自变量信息类型的变化对因变量亲社会态度影响显著降低，回归参数由 1.013 变为 0.587。依据 Baron 和 Kenny（1986）中介作用的检验方法，移情性是信息类型与亲社会态度的中介变量，且是“部分中介”，假设 H_4被证实。

研究结论显示，对于同一个社会事件，当参考群体给出不同的评价信息时，参与者的亲社会态度存在显著性差异。当参考群体对事件施加积极的评价时，大学生的亲社会态度水平便出现显著提升；相反，则显著降低。之所以会出现这种现象，是因为大学生将参考群体的信息作为一种情绪状态进行处理，并产生移情效应；移情效应在参考群体的信息影响与亲社会态度之间扮演了中介变量的角色。研究结论还发现，当参考群体给出的信息与大众媒介的信息不一致时：①若大众媒介给出的为正面信息，参考群体给出的为负面信息，则参与者更相信参考群体的信息，亲社会态度也会显著降低；②若大众媒介给出的为负面信息，参考群体给出的为正面信息，则参考群体的影响力不显著，参与者的亲社会态度没有出现明显的不同。这说明当前的大学生群体对信息表现出选择性注意——更相信负面信息，即负面信息对于大学生亲社会态度的影响更为显著。

基于以上研究结论，本研究认为，可以通过如下途径利用参考群体的影响来提升大学生的亲社会态度水平。

第一，学校要充分利用参考群体，将其作为榜样，宣扬正面信息，传递积极向上的社会价值观。学校可以通过设置“榜样信息栏”，宣传具有高亲社会态度、行为群体所获得的荣誉、对学校和社会所做出的贡献②，发挥其榜样示范作用，以便积极影响大学生的亲社会态度。可以定期举办“感动校园人物”评选或“感动中国人物”事迹宣讲等校园活动，让参与此类活动成为一项例行课外作业，并作为德育量化内容之一，弘扬积极向上的价值观。根据

---

① 师晓娟. 参考群体对大学生亲社会态度和行为的影响研究：以西藏自治区大学生为例[D]. 拉萨：西藏大学，2011.

②同①.

Childers 等（1992）的研究成果，同龄人是影响力最强的参考群体之一，因此在活动主体的选择上，应有一定的选择性。通过长期类似活动的举办，亲社会态度与行为将会内化为学生的基本价值观之一，成为潜移默化的教育。

第二，重视家庭群体的榜样作用。Childers 等（1992）的研究表明，除了同龄人群体，家人群体也是大学生最重要的参考群体之一。家庭是学生学习的第二课堂，也是全面培养学生优良品德的主要“战场”。家庭成员是孩子重要的参考群体，家庭成员对问题的处理与态度都深深影响着孩子的亲社会态度与行为，这主要是因为孩子是通过对大人的模仿以及接受大人的教育成长起来的。因此家庭要积极为孩子传达正面、向上的信息，让孩子懂得亲社会态度与行为是一种责任和义务，并积极以正面人物、示例引导孩子，最重要的是家人自己要以身作则。

第三，大众媒介不应为了蹭热点蹭流量而对负面行为进行过度渲染和无节制放大。研究结果显示，大学生群体对负面信息表现出选择性注意，对负面信息的过度渲染会让大学生忽视大量亲社会行为的存在。长此以往会影响大学生对事物的客观判断，产生偏执、狭隘等负面情绪，还会影响大学生的价值观。因此政府应加强对舆论的监督与引导，对新闻媒体进行规范，要加强正确价值观的引导与宣传工作，积极弘扬社会主义核心价值观，传播正能量以营造良好的社会舆论氛围。要充分认识参考群体对不同人群亲社会态度与行为的影响，充分利用其影响机制发挥榜样示范作用，通过对社会中先进事迹、先进人物等进行必要且充分的宣传，树立新时代的榜样。

第四，通过家庭、学校、政府的密切配合，多种途径凸显优秀参考群体的影响作用，对大学生亲社会态度与行为进行积极正确的引导，以促进大学生全面健康发展。

第五章　参考群体规范影响下大学生亲社会行为研究

人们的行为普遍会受到身边环境的影响，大学生作为一个心智不完全成熟的群体，其行为更容易受到他人思想、感受与行为的影响①。通过对大学生的心理状况进行分析发现，上述现象的原因可能有以下两点：一是由于大学生置身于班级、学校这样感染力极强的群体中，同学、教师等群体和自身存在密切关系，群体规范会对大学生产生极大的影响，并且这种影响无时不在、无时不有；二是互联网、大数据、人工智能、“5G”等信息技术的发展进步，使大学生处于虚拟的网络群体之中，然而，这些虚拟群体种类繁杂，其中也存在着许多不良群体。由此可见，在校大学生对群体规范具有一定的易感性，如何让在校大学生对良好群体规范的易感性更大，从而形成正确的价值观，需要我们研究群体规范影响大学生思想行为的内在规律。

第一节　理论背景与研究假设

在社会学的研究范畴中，对于群体的定义一般不包括个人。实体性是社会学群体的一个重要概念，其包括凝聚力、依存性、共同目标、群体重要性以及成员与他人发生互动的倾向。当个体的集合所呈现出的此类特征越来越多时，他就越有可能被视为一个群体。同时，依据实体性的高低，群体可以划分为松散群体、社会范畴、任务群体、亲密群体，如表5-1所示。同时，参考群体的

① 师晓娟，杜青龙. 参考群体规范影响下大学生亲社会行为研究：来自西藏地区的证据[J]. 西藏大学学报（社会科学版），2013，28（1）：42-48.

划分显然极大程度地借鉴了这种划分方法，例如规范群体与比较群体的划分[①]、归属群体与非归属群体的划分等（Crisp et al.，2008）。

表 5-1　按照实体性划分的四种类型的群体[②]

群体类型	例子
亲密群体（最像群体的群体）	家庭、浪漫关系中的伴侣、朋友
任务群体	同事、委员会成员、工作群体
社会范畴	妇女、宗教群体、英国人
松散群体（最不像群体的群体）	居住在同一条街道的人、喜欢摇滚音乐的人

资料来源：Crisp 和 Turner（2008），P103。

依据实体性的高低，群体可以划分为松散群体、社会范畴、任务群体和亲密群体。其中，亲密群体则是指具有亲密关系、在日常生活中多有接触的群体，比如说家庭、伴侣、朋友等。社会范畴就是需要从社会领域进行解读的群体类型，比如妇女、宗教群体、英国人等均属于社会范畴。任务群体是指由组织所决定的、为完成某项工作任务而一同工作的个体组成的正式群体，既可以由具有直接上下级关系的人员构成，又可以由跨越命令关系的人员构成，同事、委员会成员等均属于任务群体的范畴。松散群体是指人们只是在空间和时间上聚集在一起，而群体成员之间并没有共同活动的内容、目的和意义，因此，这种群体不能算作真正意义上的群体。例如，住在同一病房的病人、同一车厢的乘客，以及刚建立起来的生产班组等都是松散群体。这些群体共同构成了社会中各式各样的群体，为参考群体的划分提供了参考依据。

所谓参考群体就是指一个在现实中的的确确存在或由某人想象出来的某个个人或群体。这些个人或群体与某部分个人或群体的个体评价、追求或行为之间显著相关（Park et al.，1977；Bearden et al.，1989）。由此可见，参考群体中所指的"群体"不仅仅包括两人及以上的群体，也包括个人，它的实体性也相对较弱。比如说，在大街上，偶然路过的一个素不相识的人可能成为某一方面或领域的参考群体，某一位明星、模特也可以是某一方面或领域的参考群体，甚至一个个体或群体心中所产生的一个臆想的人也可以成为某一方面或领

① 师晓娟，杜青龙. 参考群体规范影响下大学生亲社会行为研究：来自西藏地区的证据[J]. 西藏大学学报（社会科学版），2013，28（1）：42-48.

② 师晓娟. 参考群体对大学生亲社会态度和行为的影响研究：以西藏自治区大学生为例[D]. 拉萨：西藏大学，2011.

域的参考群体①。参考群体可以按照不同的变量进行划分。其中三种划分标准是最为有用的，他们分别是成员资格、接触类型及吸引力（White et al., 2006）。

1935 年，谢里夫在实验之中发现了群体规范这一现象的存在。其实验结果表明，社会中的人们对某一事物或行为的态度与处理方式将会不可避免地受到在场其他人的影响，并导致“从众”与“跟风”行为的出现。所谓参考群体的规范，主要是指关于某个人对于群体的一系列信念。而规范影响，则是指某人为了获得群体内他人的表扬或接纳，避免受到惩罚与排斥，而形成的遵从群体规范的动机（Crisp et al., 2008）。

良好的群体规范往往倡导人们依据人类社会运行过程中所产生的一系列共同生活的原则、规则、权利、义务、来往、互相作用与和平共处等规范来从事社会生产与交流活动②。作为一个社会群体，人们在共同的生活环境与相处过程中，除了考虑公正和规范之外，还需要给予弱者一定的关怀与帮扶，这是社会发展、文明进步的主要标志之一，同时也是道德用于优化人们相互之间的人际关系，提升人们的道德修养、精神境界，实现人的自由全面发展等人生价值的重要手段，这是通过倡导性规范所产生的约束性影响来体现的。因此，良好的群体规范与亲社会行为之间存在许多共同之处：高社会称许性、社会互动性、自利性、利他性和互惠性。高社会称许性、社会互动性这两个特征都是参考群体作用于大学生亲社会行为的重要基础及前提条件③。

根据文献综述及上述理论描述，本研究提出如下假设：

H_1：参考群体的规范影响类型对大学生的亲社会行为影响存在差异；

H_{1-1}：在积极规范激励下，被试者表现出更积极的亲社会行为；

H_{1-2}：与没有规范约束相比，消极规范对亲社会行为影响更大。

学生亲社会行为的形成是多因的，其受到社会影响的来源也是多方面的。基于此，为了搞清价值取向的全部奥秘，深刻揭露良好的群体规范与亲社会行为之间存在的内部联系，不仅需要了解它与多种行为之间的关系，而且也要探讨它的形成与家庭、学校、同辈群体、大众传媒、工作环境与社会风气等方面

---

① 杜青龙. 参考群体影响下的吸引效应与折衷效应研究［D］. 成都：西南财经大学，2011. 12.

② 师晓娟，杜青龙. 参考群体规范影响下大学生亲社会行为研究：来自西藏地区的证据［J］. 西藏大学学报（社会科学版），2013，28（1）：42-48.

③ 寇彧，唐玲玲. 心境对亲社会行为的影响［J］. 北京师范大学学报（社会科学版），2004，5：44-49.

的各种因素的关联。根据参考群体的相关理论研究，本研究将群体类别（归属群体、非归属群体）作为调节变量，并假设：

H_2：大学生的亲社会行为更易受到归属群体的规范影响。

费孝通认为，中国人之间的关系是一种圈层结构，圈层最里面的是家人；同时，中国也最讲究“尊师重教”“一日为师，终身为父”。受这些传统思想的影响，在归属群体中，学生更多受到父母、老师的影响①。

H_3：大学生的亲社会行为更多受到“父母”“教师”这两个参考群体的影响②。

第二节　规范性影响的初步验证

同样，为了检验参考群体规范是否对大学生的亲社会态度和行为产生影响，本研究采取访谈法对在校大学生的态度与行为进行调查研究，以期为之后的研究提供方向与基础。

一是进行数据收集，在拟定好的访谈提纲的基础上，选择符合条件的访谈对象进行预访谈③，根据访谈对象的反馈结果，征询相关专家意见修订完善并确定访谈提纲。二是在此基础之上，在学生食堂内外以及学生宿舍区域，随机采访十余名学生，全程录音并记录访谈内容以完成对第一手数据的收集。以下是具有代表意义的三位学生的访谈记录。

1. 学生甲

问：“学校组织学生无偿献血，如果不强求，你会去吗？”

答：“我比较怕，我不会去。”

问：“如果学校强迫你们献血，你会去吗？”

答：“那没有办法，只好去。”（挠头）

2. 学生乙

问：“学校组织学生无偿献血，如果不强求，你会去吗？”

答：“我经常义务献血。”

---

① 罗珉. 管理学［M］. 北京：机械工业出版社，2006.

② 师晓娟，杜青龙. 参考群体规范影响下大学生亲社会行为研究：来自西藏地区的证据［J］. 西藏大学学报（社会科学版），2013，28（1）：42-48.

③ 董京京. 消费者与商家在线体验式互动对其购买意愿影响的研究［D］. 长春：吉林大学，2019.

问：“如果你的同学不想去，也强烈要求你不去，你会怎么办？”

答：“我会尊重他们的想法，但自己还是会去。”

3. 学生丙

问：“学校组织学生无偿献血，如果不强求，你会去吗？”

答：“看情况。”

问：“看什么情况？”

答：“我看去的人多不多。如果大家都去，我就去。”

通过访谈，我们对参考群体规范是否会对学生的亲社会态度与行为产生约束和控制有了大概的了解与认知。对访谈结果进行分析后，我们可以得出以下结论：

第一，大学生的亲社会行为的确会受到参考群体的影响；

第二，不同参考群体的影响效力是不一样的。

定性研究显示，参考群体规范的确对大学生的亲社会态度与行为产生了影响，并且不同的参考群体之间所产生的影响效力存在差异，需要具体问题具体分析。比如说，对于学生而言，家人、邻居和老师的态度都会对其亲社会态度和行为产生影响。在现实生活中，邻居、老师等和学生之间存在一定距离的参考群体对学生产生的影响效力最为显著，而和学生之间存在亲密关系的家人对于学生的影响效力反而较小。

第三节　研究方法

一、实验设计与实验控制

实验材料：以下为两所学校的学生学习现状，A 学校的学生在窑洞里上课，光线昏暗，每个人只能用一块小石板当作写字本；B 学校教室里缺少凳子，学生们挤在一起，站着上课。设计的部分题项、同意程度与规范性对亲社会行为的影响见表 5-2。

表 5-2　规范性对亲社会行为的影响①

题项	同意程度
1. 如果你用勤工俭学的钱向这两所学校捐款 100 元，你的……知道后，常常在人前表扬你，你以后是否会继续捐款？	1——2——3——4——5
2. 如果你用勤工俭学的钱向这两所学校捐款 100 元，你的……知道后，常常在人前批评你，你以后是否会继续捐款？	1——2——3——4——5
3. 如果你用勤工俭学的钱向这两所学校捐款 100 元，你的……知道后，却无动于衷，你以后是否会继续捐款？	1——2——3——4——5

备注：（1）数据说明：1. 一定不会 2. 可能不会 3. 说不清 4. 可能会 5. 一定会

（2）……表示不同的群体，如父母、老师、同学。

本次实验为情景模拟实验。情景模拟法是人才测评中应用较广的一种方法，主要用于被试者的各种实际能力，即设置一定的模拟情况，要求被试者扮演某一角色并进入角色情景，去处理各种事务及各种问题和矛盾。考官通过对考生在情景中所表现出来的行为进行观察和记录，以测评其素质潜能，或看其是否能适应或胜任工作②。本研究采用情景模拟方法进行研究，用以检验不同的参考群体规范对大学生的亲社会态度与行为所产生的影响，并加以分析。

具体实验过程如下。首先，对实验进行了描述。然后，列出同一行为产生不同群体反应的假设，即被试者需要用勤工俭学的钱向这两所学校捐款 100 元，然后测试他们面临“表扬”“批评”及“无动于衷”三种群体规范后将要采取的行为，具体测试其面对不同的群体规范之后对同一行为的重复程度。实验全程为组间实验，每一组被试者仅在一种实验条件下接受实验，且采用集中测试的方式进行展开。在实验过程中时，首先要求被试者阅读相关材料，然后基于此种情景再进行问卷填写。

实验结果显示，参与调查的人员均完整填写了试卷，没有无效问卷。针对以上 3 种情景，本实验分别调查了 31 名、33 名、32 名大学生，共计 96 个样本，所有的样本均为西藏高校学生。其中男性 42 名，女性 54 名。对不同规范的得分进行加总（如父母表扬得分+老师表扬得分+同学表扬得分+陌生人表扬得分），并依次分析不同规范下被试者的亲社会行为反应差异。

---

① 师晓娟. 参考群体对大学生亲社会态度和行为的影响研究：以西藏自治区大学生为例[D]. 拉萨：西藏大学，2011.

② 傅端香. 谈模拟面试法在《人员素质测评》课程教学中的应用[J]. 职业时空，2007（6）：42-43.

二、数据分析与结果讨论

（一）不同规范对亲社会行为的影响差异

Levene's 方差齐次性检验的结果显示，方差具有齐次性：$P=0.12>0.05$，符合方差分析条件。

方差分析结果见表5-3。结果显示，不同的群体规范的确导致被试者具有不同的亲社会行为。$F(2, 209)=3.38$，$P=0.036<0.05$，统计力 $\beta=0.633$，达到标准，表明实验结果犯取伪错误和弃真错误的概率都较小。

表5-3　被试间方差检验①

因变量：亲社会行为

Source	方差和	自由度	平均方差	F 值	显著性	统计力
Corrected Model	60.610(b)	2	30.305	3.384	0.036**	0.633
截距	53 408.576	1	53 408.576	5 963.691	0.000***	1.000
规范类型	60.610	2	30.305	3.384	0.036**	0.633
误差	1 853.814	207	8.956			
总计	55 323.000	210				
Corrected Total	1 914.424	209				

注：a. 计算采用的 alpha =0.05 *b*　$R^2=0.032$（校正 $R^2=0.022$），b. * $p<0.1$，** $p<0.05$，*** $p<0.01$。

由均值对比图（见图5-1）可以看出，当被试者获得表扬时，得分相对最高；其次是无动于衷，再次是批评。初步说明，表扬可以导致被试者表现出更积极的亲社会行为②。

为了更加精确地比较三种不同规范对亲社会行为的不同影响，本研究对规范性影响的结果进行多元比较，如表5-4所示。结果显示，“表扬”与“批评”对被试者的亲社会行为的影响差异是极为显著的。均值差异=1.129，$p<0.005$。而“表扬”与“无动于衷”“批评”与“无动于衷”则没有显著性差异。因此，假设 H_1 部分成立。假设 H_{1-1} 部分成立，与消极规范相比，被试者表现出更积极的亲社会行为；而与“无动于衷相比”，被试者并没有表现出更积极的亲社会行为。假设 H_{2-2} 则不成立。结果表明，对高校大学生的亲社会行为

① 师晓娟. 参考群体对大学生亲社会态度和行为的影响研究：以西藏自治区大学生为例[D]. 拉萨：西藏大学，2011.

② 师晓娟，杜青龙. 参考群体规范影响下大学生亲社会行为研究：来自西藏地区的证据[J]. 西藏大学学报（社会科学版），2013，28（1）：42-48.

进行激励、表扬非常重要，因为对于他们所做出的亲社会行为，如果参考群体表现出无动于衷的状态，则效果无异于是对大学生亲社会行为的否定：$P=0.709>0.05$。

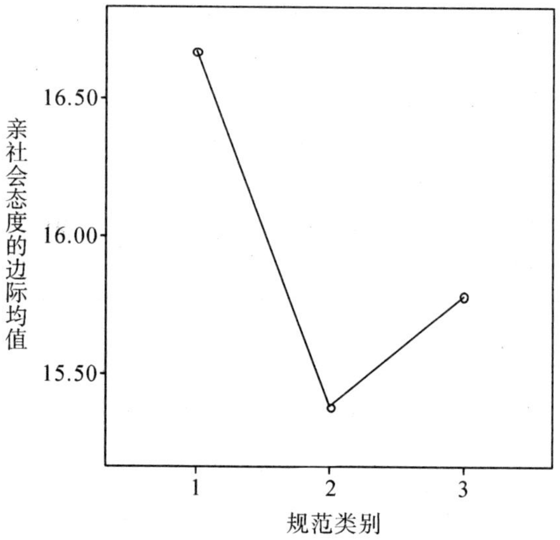

（1：获得表扬　2：无动于衷　3：批评）

图 5-1　不同规范形式的均值对比示意图

表 5-4　规范性影响的多元比较①

因变量：移情性

(I) 规范类型	(J) 规范类型	均值差异 (I-J)	标准误	显著性	95% 置信区间	
表扬	批评	1.285 7 (＊)	0.505 84	0.031**	0.091 6	2.479 9
	无动于衷	0.885 7	0.505 84	0.189	−0.308 4	2.079 9
批评	表扬	−1.285 7 (＊)	0.505 84	0.031**	−2.479 9	−0.091 6
	无动于衷	−0.400 0	0.505 84	0.709	−1.594 1	0.794 1
无动于衷	表扬	−0.885 7	0.505 84	0.189	−2.079 9	0.308 4
	批评	0.400 0	0.505 84	0.709	−0.794 1	1.594 1

注：a. 均值差异＊表示在95%的显著性水平下，二者的差异是显著的；

b. * $p<0.1$，** $p<0.05$，*** $p<0.01$。

① 师晓娟. 参考群体对大学生亲社会态度和行为的影响研究：以西藏自治区大学生为例[D]. 拉萨：西藏大学，2011.

（二）群体类型对规范影响的调节作用分析

1. 基于“表扬”规范的调节作用

Levene's 方差齐次性检验结果显示，数据具有齐次性：$P=0.96>0.05$，表明数据符合方差分析条件。

方差分析结果见表 5-5。结果显示，不同的群体对“表扬”这一群体规范不存在调节作用：$F(3, 279)=1.033$，$P=0.378>0.05$，统计力 $\beta=0.279$，表明犯取伪错误和弃真错误的概率都非常大。因此假设 H_2、H_3 在此维度上不成立。

表 5-5　试间方差检验①

因变量：亲社会行为

Source	方差和	df	平均方差	F 值	显著性	统计力
Corrected Model	2.011（b）	3	0.670	1.033	0.378	0.279
截距	4 863.889	1	4 863.889	7 495.441	0.000***	1.000
规范类型	2.011	3	0.670	1.033	0.378	0.279
误差	179.100	276	0.649			
总计	5 045.000	280				
Corrected Total	181.111	279				

注：a. $R^2=0.008$（校正 $R^2=0.002$）；b. * $p<0.1$，** $p<0.05$，*** $p<0.01$。

2. 基于“批评”规范的调节作用

Levene's 方差齐次性检验结果显示，数据具有齐次性：$P=0.20>0.05$，符合方差分析的基本条件。

方差分析结果见表 5-6。结果显示，不同的群体对“批评”这一群体规范具有调节作用。$F(3, 279)=11.909$，$P<0.001$，统计力 $\beta=1.000$，结果表明犯取伪错误和弃真错误的概率都非常小。

① 师晓娟. 参考群体对大学生亲社会态度和行为的影响研究：以西藏自治区大学生为例[D]. 拉萨：西藏大学，2011.

表 5-6　被试间方差检验①

因变量：亲社会行为

Source	方差和	df	平均方差	F 值	显著性	统计力
Corrected Model	44.729（b）	3	14.910	11.909	0.000***	1.000
截距	3 585.729	1	3 585.729	2 864.076	0.000***	1.000
规范类型	44.729	3	14.910	11.909	0.000***	1.000
误差	345.543	276	1.252			
总计	3 976.000	280				
Corrected Total	390.271	279				

注：a. $R^2=0.115$（校正 $R^2=0.105$）；b. * $p<0.1$，** $p<0.05$，*** $p<0.01$。

图 5-2 表示，在校学生对于教师的批评表现得最为敏感。将群体对规范性影响的作用进行多元比较，比较结果如表 5-7 所示。结果显示，学生在受父母"批评"时是最敏感的，反应值均大于其他群体；其次是教师，均值比父母少 0.4，但是在统计学上不显著，$P=0.151$。因此，可以认为"教师""父母"的评价对于规范性影响的作用影响同等显著。而同学的批评与陌生人的批评之间则不存在显著差异，$P=0.204>0.05$。分析结果显示假设 H_2、H_3 在此维度上成立。

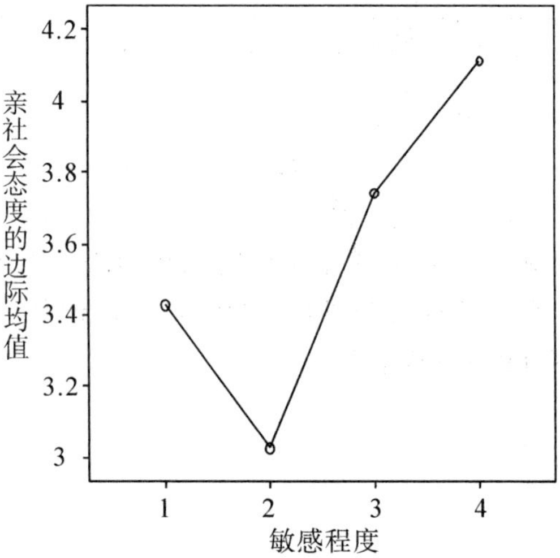

图 5-2　对不同群体批评的敏感程度示意图

① 师晓娟，杜青龙. 参考群体规范影响下大学生亲社会行为研究：来自西藏地区的证据[J]. 西藏大学学报（社会科学版），2013，28（1）：42-48.

表 5-7　被试对不同群体“批评”的反应分析①

(I) 群体类型	(J) 群体类型	均值差异 (I-J)	标准误	显著性	95% 置信区间	
父母	教师	0.40	0.189	0.151	-0.09	0.89
	同学	-0.31	0.189	0.346	-0.80	0.17
	陌生人	-0.69（*）	0.189	0.002***	-1.17	-0.20
教师	父母	-0.40	0.189	0.151	-0.89	0.09
	同学	-0.71（*）	0.189	0.001***	-1.20	-0.23
	陌生人	-1.09（*）	0.189	0.000***	-1.57	-0.60
同学	父母	0.31	0.189	0.346	-0.17	0.80
	教师	0.71（*）	0.189	0.001***	0.23	1.20
	陌生人	-0.37	0.189	0.204	-0.86	0.12
陌生人	父母	0.69（*）	0.189	0.002***	0.20	1.17
	教师	1.09（*）	0.189	0.000***	0.60	1.57
	同学	0.37	0.189	0.204	-0.12	0.86

注：a. * 表示在95%的显著性水平上显著；b. * $p<0.1$，** $p<0.05$，*** $p<0.01$。

3. 基于“无动于衷”规范的调节作用

Levene's 方差齐次性检验结果显示，数据方差具有齐次性：$P=0.44>0.05$，适合进行方差分析。

方差分析结果见表 5-8。结果显示，不同的群体对“无动于衷”这一规范没有调节作用。$F(3, 279)=1.055$，$P=0.983>0.05$，统计力 $\beta=0.060$，这表明犯取伪错误和弃真错误的概率都非常大。所以假设 H_2、H_3 在这个维度上不成立。

---

① 师晓娟. 参考群体对大学生亲社会态度和行为的影响研究：以西藏自治区大学生为例[D]. 拉萨：西藏大学，2011.

表 5-8 被试间方差检验①

因变量：亲社会行为

Source	方差和	df	平均方差	*F* 值	显著性	统计力
Corrected Model	0.125（b）	3	0.042	0.055	0.983	0.060
截距	4 780.889	1	4 780.889	6 344.308	0.000***	1.000
群体类型	0.125	3	0.042	0.055	0.983	0.060
误差	207.986	276	0.754			
总计	4 989.000	280				
Corrected Total	208.111	279				

注：a. R^2 = 0.001（校正 R^2 = −0.010）；b. * $p<0.1$，** $p<0.05$，*** $p<0.01$。

研究结果显示，在校大学生的亲社会行为的确会受到所处组织内部和外部参考群体的影响。积极的规范影响（表扬）相较于消极的规范影响（无动于衷、批评）而言，更有利于大学生的亲社会行为②，能让更多的大学生更好地亲近社会、适应社会，从而推动社会的可持续发展，实现人的自由全面发展以及人类文明的发展进步。特别值得指出的是，如果参考群体（教师、父母等）对大学生的亲社会行为表现出消极的规范，则大学生的亲社会行为也会出现逆转。

针对以上分析结果，本研究提出以下对策。

1. 正确利用积极规范性影响的引导作用

与消极规范和没有规范约束相比而言，在积极规范激励的作用下，被试者将会表现出更积极的亲社会行为。积极的规范性影响有利于激发大学生的亲社会潜力，由“被规范”转变为“规范”。

对大学生施加积极规范性影响的途径有多种，这里阐述几种比较有效的方法。

首先，从制度层面对大学生进行积极规范的引导。具体可以通过校纪、校规来规范和约束在校大学生的各种行为。具体规定哪些行为与举动是学校所主张、社会所倡导的，又有哪些行为与举动是学校和社会所禁止的，以文字的形式将其罗列出来，给在校大学生的行为规范树立一个可以进行对照的标准。例

① 师晓娟. 参考群体对大学生亲社会态度和行为的影响研究：以西藏自治区大学生为例[D]. 拉萨：西藏大学，2011.

② 师晓娟，杜青龙. 参考群体规范影响下大学生亲社会行为研究：来自西藏地区的证据[J]. 西藏大学学报（社会科学版），2013，28（1）：42-48.

如，可通过制订宿舍行为规范、班级行为规范等方式，不断促进大学生的亲社会行为，为大学生的成长成才提供必要保障。

其次，通过奖励措施对大学生进行积极规范性的引导。当大学生出现亲社会行为并渴望得到参考群体所给予的反馈时，与大学生之间存在密切联系的参考群体，如家长、老师等应当给予大学生相应的奖励，通过这种方式，使大学生的亲社会行为在这种良性的社会互动之中得到认可和强化。奖励可采用精神奖励与物质奖励相结合的手段，使奖励的正面作用更加持久，起到事半功倍的效果。比如，对参加“三下乡”、义务支教等志愿活动的学生，除了应给予课外加分和适当的物质奖励外，还应当给予荣誉称号、公开表扬等精神方面的奖励。此类规范性影响能够充分调动大学生的积极性、主动性和创造性，同时可以让大学生在社会实践过程中进一步感受“需要”和“被需要”，强化大学生的社会责任感，使其学会感恩社会、回报社会，巩固大学生之中存在与应用的群体规范。

最后，引导学生树立亲社会价值取向。价值观的形成与发展受先天和后天双重因素的影响，但大多数研究表明，后天的习得与培养可以改变一个人固有的价值观。规范的价值取向倡导人们依据人类社会共同生活的原则、规则、权利、义务来互相作用与和平共处；同时，它通常也依靠禁止性规范来控制个人欲望、调节人际矛盾、维护社会稳定。良好的价值规范是社会和谐稳定发展的基础，而在现实社会中，除了公正和规范相关的价值准则之外，还强调需要关心弱者，要用道德优化人与人之间的人际关系。当今社会强调“以人为本”，道德规范更能激发人的潜能，促进人的发展。因此，人与人之间要建立良好、平等的合作关系，应该以亲社会的价值取向建立道德关系准则，使规范性影响更多地以道德的形式表现出来，构建符合社会主义核心价值观的道德体系，最大限度地发挥群体规范的正向作用，为社会主义和谐社会的构建提供保障。

价值取向属于意识形态领域，其形成发展的过程是曲折而漫长的，已有的价值观会发生改变，没有的价值观也可能出现，这就需要对大学生不断进行精神上和行为上的亲社会行为灌输，让其从内心深处接受和认同符合社会主义核心价值观的亲社会行为，从而促使他们在社会实践活动中实施亲社会行为，使之符合群体性规范的要求，并在实践中不断加强这种群体性要求。而亲社会行为的灌输，主要依靠学校的德育教育课，但是由于一些德育课的效果微乎其微，因此，有必要拓宽大学生亲社会行为的灌输路径，如让大学生多参与社会活动、多了解人们对亲社会的需求，从而让大学生意识到目前社会的发展环境是崇尚和需要亲社会行为的。

2. 消除消极的规范性影响

与没有约束规范相比，消极规范对亲社会行为影响更大。这说明在校大学生在学习生活中非常在意别人的评价，期望得到老师和同学的认可、提高自己的知名度，不愿意“默默无闻做好事”。在当前充满竞争的社会背景下，大学生的自我意识和竞争意识尤其强烈，因此大部分学生的被评价意识处于觉醒状态，他们十分重视外部环境对自身的评价与认可；同时，大学生青春年少，情绪易波动，他们希望得到肯定和认可，当被肯定和认可后，其行为就会持续或重复出现，而得到否定或批评的评价会限制大学生亲社会行为的积极性，从而使其有意识地减少得到负面评价或无评价的行为的出现。因此，来自外界的不适当的评价会减少学生的亲社会行为。

所以，避免消极的规范性影响的意义是重大的。在校大学生在实施亲社会行为的过程中，难免会出现判断错误、行为方式不当等问题，为不打击学生亲社会行为的积极性，避免亲社会行为的减少乃至消失，当学生出现错误时，不能简单地用消极规范性对其进行批评或惩罚，而应该首先详细了解事情的经过与真相，并为其提供可行的方法建议，正确引导学生的亲社会行为意识，培养其进行亲社会行为的正确方式。如当大学生遇到小偷行窃时，为帮助受害人而采取的亲社会行为可能是对小偷大打出手，导致自己受伤等。这种做法本身并不妥当，但并不能因此批评或惩罚这位见义勇为的学生，更不能否认他的见义勇为的亲社会行为，而要通过平等沟通的方式，分析该学生该行为的不妥性、危险性等，并为学生提供更为恰当的亲社会行为的方式，如报警、寻求他人帮助等。如此一来，一方面避免了消极规范的处理行为对学生的亲社会行为积极性的打击，另一方面则提高了学生分析问题、判断问题和解决问题的能力，使之在今后的亲社会行为实践活动中可以采用恰当的处理方式。

第六章　研究总结与对策

第一节　研究总结

亲社会态度与行为对人类的生存和发展都具有极其重要的作用，尤其对构建社会主义和谐社会具有举足轻重的推动作用。从个体层面而言，亲社会态度与行为可以给人以归属感，使个体更好地适应社会；从社会层面而言，亲社会态度与行为有利于人们建立相互信任、相互帮助的关系，推动社会的和谐稳定发展。基于此，研究亲社会态度与行为意义重大。在亲社会态度与行为的群体组成中，大学生群体作为社会的知识聚集体和未来的希望，占据着重要的地位，大学生亲社会态度与行为状况直接影响着社会整体的亲社会态度与行为的发展。

本研究以西藏的大学生为研究对象，以参考群体对其亲社会态度与行为的影响为研究变量，展开了实证研究。采用了定性研究与定量研究相结合的方法。定性研究主要采用扎根理论，主要用于构建模型、修正模型。定量研究则主要用于验证模型，主要采用统计学的相关理论与方法，采用的软件为SPSS15.0和AMOS7.0。

研究结果表明：

（1）与“没有外部信息”和“负面的外部信息”相比，正面的外部信息对大学生的亲社会态度将产生更大的正面影响；与“正面的外部信息”相比，“负面的外部信息”对大学生的亲社会态度将产生更大的负面影响；但是与“没有外部信息”相比，“负面的外部信息”并没有对大学生的亲社会态度产生更大的负面影响。

（2）与“消极规范”相比，“积极规范”的激励使大学生表现出更积极的亲社会行为。

（3）大学生更容易受到父母和老师的影响；同时，父母和老师的“批评”规范类型对大学生的亲社会行为具有更为重要的影响作用。但由于时间和能力有限，本研究未能对文化因素等变量进行控制，这将是我们今后需要进一步研究的重点①。

第二节　对策建议

习近平总书记强调，青年是整个社会力量中最积极、最有生气的力量，国家的希望在青年，民族的未来在青年。高校大学生是青年群体中的中坚力量，正处在世界观、人生观和价值观的形成阶段，心理和行为具有较强的可塑性。社会、学校和家庭都对他们寄予了厚望。西藏作为祖国的边疆地区，更需要青年群体将个人梦想与西藏发展紧密结合，西藏大学生更是肩负着建设团结、富裕、文明、和谐、美丽的社会主义现代化新西藏的时代重任。

亲社会态度和行为符合社会主义核心价值观建立的基本要求，可以有效推进构建文明和谐社会的新态势。通过本研究可知，西藏大学生的亲社会态度与行为的发展，除了依靠大学生自身的内省学习外，参考群体的影响不可忽视。基于参考群体理论，本研究从信息、规范和价值引导三个方面提出培养西藏大学生亲社会态度和亲社会行为的对策建议。

一、重视信息的影响作用，改善西藏大学生的亲社会态度和行为

（一）强化正面信息的公开

信息公开就是政府和各种组织机构向公众公开一些信息，使其他组织机构和公众个人可以基于任何正当的理由和采用尽可能简便的方法获得这些信息。

在大学生亲社会态度和行为的形成过程中，信息影响起着重要作用，尤其是正面信息影响。根据大学生的信息接受特点，应主要从三个层面强化正面信息的公开：一是政府层面，二是学校层面，三是家庭层面。

在政府层面，一是要建立完善的信息公开机制。政府要充分利用电视、报纸、广播、新媒体等媒体的作用，公开正面亲社会信息。如可以在新闻时间段或大学生关注的电视栏目中插播公益广告；在权威性较高的电视频道设置

---

① 师晓娟. 参考群体对大学生亲社会态度和行为的影响研究：以西藏自治区大学生为例[D]. 拉萨：西藏大学，2011.

《社会楷模》栏目，具体描述社会楷模的亲社会经历；也可以利用网络对亲社会信息进行公开，如投放网络公益广告、设置亲社会论坛、开发亲社会游戏等。同时，政府在宣传亲社会信息时，要注重对亲社会行为人的回报进行宣传，避免过多强调实施亲社会行为的辛酸历程①。二是要强化服务中心窗口对“模范青年”等的优先服务机制。在政府便民服务窗口、火车站售票窗口、机场服务窗口等场所，给予模范青年、先进青年、见义勇为青年等群体服务优先权，引导社会和大众关注亲社会行为人，充分发挥模范带头作用，弘扬社会正能量。三是要完善立法，保障公民知情权。在建立对亲社会信息的公开发布机制时，更要在落实推进依法行政、加快建设法治政府的过程中，依法保障公民对亲社会信息的知情权。目前，公民对亲社会正面信息的知情权基本上仅限于对结果的知情，缺乏对亲社会行为过程的知情。可以通过广播、网站等一些渠道，收集部分公众对亲社会行为、亲社会信息公民知情权的意见，在法规、制度的层面加以保障。

在学校层面，一是在校园显著位置设立“榜样信息栏”，宣传亲社会学生、亲社会教师获得的荣誉、对学校和社会做出的贡献等信息，通过宣传和学习大学校园中的先进典型事迹，端正广大学生的亲社会态度，培养其亲社会行为以及爱国主义、集体主义精神，促进其思想道德建设和良好校园风气的形成。学校的积极宣传能够引导广大学生的价值评价，加强亲社会行为对学生的心理影响，学生通过对先进典型的认同、暗示和模仿，自觉调整亲社会行为规范，形成大学生应有的思想道德和行为方式。二是定期让学生搜集“感动校园人物”“感动中国人物”以及“榜样中国”等亲社会信息。让信息搜集成为一种例行作业。在搜集的过程中，大学生会被亲社会人员的正面信息所影响，久而久之这些正面信息会转化为大学生的内在的行为习惯。三是积极开展校园典型人物的宣讲会，充分发挥大学生亲社会行为人的示范引领作用和榜样作用，展示当代大学生积极进取的精神风貌。

在家庭层面，父母应该积极为孩子传达正面、积极的信息。大多数心理学家通过研究认为，亲社会行为不是本能的、与生俱来的，而是人类个体通过后天学习得来的，这种行为的发生与年龄有关。婴儿是没有利他行为的，这种行为要到一定的年龄才可能发展起来，而且随着年龄的增长而增多②。所以，在

---

① 师晓娟. 参考群体对大学生亲社会态度和行为的影响研究：以西藏自治区大学生为例[D]. 拉萨：西藏大学，2011.

② 张孝义，胡卫平，程素萍. 大学生的亲社会行为现状及其培养[J]. 山西农业大学学报（社会科学版），2006（4）：445-447.

幼儿时期应给孩子灌输帮助别人的理念，让孩子懂得帮助别人是一种责任和义务，在帮助别人的同时自己也可以收获快乐；在少年时期应帮助孩子培养社会责任意识，并积极以正面人物示例引导孩子①。对大学生的亲社会行为也可以进行培养，以提高他们的亲社会行为的水平。

总之，正面信息对大学生亲社会态度和行为起到积极的引导作用。政府要加强亲社会行为人的媒体宣传，建立信息公开的制度保障。学校要通过先进典型人物的选树，先进事迹宣讲会的开展，让大学生置身于亲社会的环境之中，感知和接受亲社会态度和行为。家长要做到“教育从娃娃抓起”，在孩童时期给孩子树立积极健康的人生观、价值观，培养孩子的家庭责任和社会责任。在利用正面信息影响大学生亲社会态度和行为的同时，一定要让大学生感觉到亲社会行为是正确的，是一种社会责任，是每个人都应该去做的，是使生存环境变得更加美好的必要条件。

（二）弱化负面信息的冲击

首先，引导大学生正确解读负面信息。本研究表明：对于负面信息，被试大学生不会产生移情效应，也不会产生距离感。然而，与没有外部信息相比，负面信息对大学生产生的负面影响还是较大的。因此引导大学生正确解读负面信息是必要的。在信息时代，鱼龙混杂的信息充斥着学习、工作和生活的各个方面。特别是在当前自媒体时代，人人都是“新闻通讯员”和“记者”，一些不专业的自媒体者为“蹭热度”、博眼球发布的负面信息充斥网络，形成了截然不同的舆论导向。面对此种情况，对负面信息采取“信息管制”“围追堵截”等措施，并非明智之举。一方面，政府应该强化新闻发言人制度，统一管理和发布重要信息，主动向媒体传递正确的信息并加以引导，弱化负面报道、信息。同时，政府要顺应时代，建立与大众沟通的官方媒体平台，比如政府官方网站、微博官方账号、抖音官方账号等，通过媒体平台及时纠正错误信息，发布正确信息，并做好舆论引导工作。另一方面，网络暴力信息侵入校园，尤其是一些包含暴力、自杀、谋杀、色情等负面信息，严重威胁了大学生的身心健康发展。一些学生不能抵御网络诱惑，辨别是非能力差，深陷校园网贷、网络赌博、网络诈骗等圈套，导致承受严重的心理压力和巨大的精神负担。因此，政府应坚守好网络监管阵地，规范网络使用，打造健康、积极、纯净的网络环境，避免负面网络信息对青年大学生的心理冲击②。政府对负面信

① 师晓娟. 参考群体对大学生亲社会态度和行为的影响研究：以西藏自治区大学生为例[D]. 拉萨：西藏大学，2011.

② 张鼎. 新时期高等学校心理健康教育规范化建设[J]. 教育观察，2019，8（32）：21-23.

息的及时解释，使大学生能更加深入地了解事情的真相、了解社会，明确自己的社会责任，进一步激发其社会责任意识。

其次，弱化负面信息的影响。负面信息往往导致事情真相扭曲，因此负面信息的破坏作用是不容忽视的①。尽管大学生对信息有一定的识别和判断能力，但因存在掌握的信息相对有限、思想不够成熟、自我适应和调节能力有限等问题，在减少负面信息对自身认知和价值的影响方面，还需要社会、家庭、学校的帮助，不能完全依靠自己。目前，各个高校面对此类问题采取了很多措施，如在高校中开设“心理咨询室”。遇到学生面对较多的负面信息而不能很好地进行处理和调节时，咨询室成员可给予及时的干预。通过干预让学生能够正确理解负面信息，并弱化负面信息的影响。另外，对亲社会行为持极端否定或无法融入社会的学生进行重点辅导、干预，并建立动态心理治疗档案，及时进行跟踪观察和治疗。心理咨询室要对学生的隐私信息严格保密。同时，充分发挥“大学生心理健康教育”与“品德教育”这两门必修课的积极作用，建构因事而化、因时而进、因势而新的大学生德育教学体系，增强大学生对负面信息的辨别能力。

综上所述，负面信息是客观存在的，而且会随着社会的发展层出不穷、复杂多变。通过政府、社会、学校、家庭等各个方面协同合作，根据实际情况采取措施，才能将负面信息对大学生亲社会态度与行为的影响降到最低。

（三）规范信息获取的渠道

随着信息时代的到来，信息的获取渠道也日益多样化。对于青年一代的大学生而言，他们是伴随着网络的发展而成长起来的，其获取信息的主要渠道是互联网。大学生接受新鲜事物快，接收信息的能力强，周围环境极易影响大学生的信息获取。因此，下面主要从网络、国家、学校、家庭和个人五个方面来分析大学生信息获取的渠道。

第一，互联网是大学生获取信息的主要渠道。虽然互联网具有获取信息方便快捷、范围广阔、内容丰富等特点，但是也正是因为互联网发布信息的匿名性、随意性等特点，导致互联网上充斥着大量未经甄别的信息，这些信息通过不同的方式出现在大学生的面前，会影响大学生的信息识辨能力与效果。所以，规范网络渠道至关重要。首先，要健全网络信息安全法律法规。近年来，随着我国互联网的不断发展，国家也在不断强化互联网信息安全方面的立法工

① 师晓娟. 参考群体对大学生亲社会态度和行为的影响研究：以西藏自治区大学生为例［D］. 拉萨：西藏大学，2011.

作。《全国人民代表大会常务委员会关于加强网络信息保护的决定》《中华人民共和国网络安全法》《互联网新闻信息服务管理规定》等法律法规的逐步形成，在互联网世界逐渐织起一张网，过滤了对青少年身心健康有害的信息，撑起了青少年网络信息安全健康的保护伞。所以，国家要随着互联网发展，不断完善网络信息健康安全的法律法规，为网络信息的有序传播提供强力的制度保障。其次，明确网络监管主体的权责。党的十九大报告中首次提出“网络综合治理”这一符合时代发展的术语。2018 年 4 月召开的全国网络安全和信息化工作会议提出，要提高网络综合治理能力，形成党委领导、政府管理、企业履责、社会监督、网民自律等多主体参与，经济、法律、技术等多种手段相结合的综合治网格局①。对网络信息健康安全建设要顺应国家要求，以“多主体”参与加强对网络信息的监管，明确主体责任，做好价值宣传、思想引领和舆论引导工作，努力营造风清气正的网络空间。最后，要从大学生入手，规范网络信息的传播渠道，加强对大学生的教育，强化学生的自律意识，做到心有所畏行有所止，使大学生自觉遵守国家法律法规，在网络面前慎思慎言，树立良好的价值观念和行为。

第二，规范大学生获取国家重要政策的渠道。公共政策是政府向民众输出的公共信息，为解决公共问题、达成公共目标、实现公共利益的方案方法，其中的民众自然也包括在校大学生。公共政策由上至下的传播效果以及由下至上的反馈信息都直接影响政策的制定和实施情况。因此，国家的宣传与传播途径对大学生的信息获取起着重要作用。政府公共政策要为人所知。首先，国家必须保证政策的科学性。科学性是公共政策实行的基本前提，从理论角度来说，科学决策主要包括两个方面的内容：一方面是决策者决策过程中的方法和程序是否符合科学的要求；另一方面是决策的结果是否符合客观规律②。政府要完善自身建设，加强公共政策顶层设计的科学性和合理性。其次，国家要保证政策具有现实的可行性。加强政策的可行性分析是提高政策质量的有效途径，包括政治、法律、组织、经济、技术等内容。要提高政策的可行性，坚持施政眼光长远，保证政策的延续性。最后，政策发布后，要避免传播的过程中发生信息缺失或异化的情况。政府要关注政策实施进程与情况，建立健全政府性民意表达机制与舆论监督机制，并培育公民参与的主体意识，培养公民参与文化。

---

① 李志强. 制度规范与网络社会公共安全治理：逻辑、特征及路径 [J]. 中国社会公共安全研究报告，2019 (1)：59-75.

② 刘燕. 公共政策科学性的理论初探：以“中华文化标志城”为例 [J]. 法制与社会，2011 (4)：173.

第三，规范大学生获取学校重要规章的渠道。学校作为大学生日常生活的重要场所，是大学生获得亲社会信息的重要渠道，因此，学校要加强对违规信息的过滤和控制。首先，加强对校园网络信息技术防控体系建设。进一步完善学校网络管理规章制度建设，切实抓好校园网站的登记、备案工作，落实用户实名登记制度，加强校内网站与网络用户的统一归口管理。要建立和完善校园网络安全防护、信息过滤、信息实时监测与跟踪等系统①，通过 VPN 等技术对内网与外网实行隔离管理，防止病毒、网络攻击，确保学生获取信息健康安全。其次，建立和完善重要信息的发布机制。加强学校相关规章、政策宣传途径的渠道正规化，“线上”要建立官方网站等信息发布平台，“线下”要采取在校园显著位置设置公示栏、电子大屏等方式发布信息，拓宽学生获取学校信息的渠道。最后，规章制度的实施情况也需要及时监督和反馈。要重视学生对获取信息的反馈情况，做好信息发布的解释和改进工作。

第四，规范大学生获取家庭信息的渠道。家庭对人的影响是潜移默化和终生的，人们从家庭中获取的信息对树立价值观有着重要作用。首先，要树立正确的“家庭价值观”。所谓“家庭价值观”，就是人们对待家庭事务以及家庭成员对待外部世界所持有的观点、态度或信念②。习近平总书记强调，要在家庭中培育和践行社会主义核心价值观，引导家庭成员特别是下一代热爱党、热爱祖国、热爱人民、热爱中华民族。要积极传播中华民族传统美德，传递尊老爱幼、男女平等、夫妻和睦、勤俭持家、邻里团结的观念，倡导忠诚、责任、亲情、学习、公益的理念，推动人们在为家庭谋幸福、为他人送温暖、为社会做贡献的过程中提高精神境界、培育文明风尚。家庭成员要树立正确的世界观、人生观、价值观，这样才能将正确的信息传递给子女（大学生）。其次，家庭成员选取传递信息的方式也要合理。家庭核心成员要以身作则树立标杆，以德修身、以德齐家，父母在培养子女和向子女传递信息时要形成合力，避免使用体罚、语言暴力等粗暴方式。最后，大学生对信息的筛选也要秉持自身的价值观念，不要盲目从众。大学生作为社会的重要组成部分，是社会发展的新鲜血液，要树立正确的价值观，学会摒弃社会中不健康的信息，积极接受社会中有利于自身发展、积极向上的信息。

第五，规范人群（同学）之间的信息获取渠道。每一个人都是一个信息源，大学生在日常生活中吸收着信息，也在传播着信息。从与自己联系紧密的

---

① 李彦丽. 高校网络舆情的管理与引导［J］. 信息系统工程，2011（2）：90-92.

② 于永军. 树立正确的家庭价值观［N］. 解放军报，2017-02-09（006）.

同学或朋友处能够获得大量的、直接的信息。因此，信息传播途径的规范很重要。一是要保证传播的信息是可靠和正确的。要规范获取信息的方式和途径，同学间传递的信息要辨其真伪，对于不遵循社会和事物发展客观规律、违背社会核心主义价值观的信息要学会辨别其可靠度。二是要杜绝各类非正面信息的传播，即谣言和流言等。俗话说“谣言止于智者”，对一些不当的言论，要做到不信、不传，学会从官方网站、新闻发布会等媒介寻找可信的信息。要鼓励大学生树立正确的价值观念，学会明辨是非，正确处理一些负面信息，做社会的守护者。

总之，当下信息获取呈现种类不断拓展、内容不断丰富、获取方式不断便捷等特点。面对新形势、新目标、新任务、新要求，国家、社会、学校和家庭等各个主体要做好信息传播渠道的规范和管控，从源头上杜绝负面信息的传播，培育大学生的亲社会态度和行为，保护大学生的身心健康。

（四）提高信息吸收的能力

信息吸收能力是一种基于信息的动态能力，可以使大学生通过个人行为有效地重构和利用信息资源进行个人态度和行为的改善①。为了提升西藏大学生亲社会态度和行为水平，重视信息的影响作用，不仅仅要从外部来分析，还要从大学自身角度来深入分析，通过提升大学生自身对信息的吸收能力、获取能力、转化能力和利用能力来改善他们的亲社会态度和行为。

第一，强化大学生对信息的认识和理解。信息分为正面信息和负面信息，不同的信息对大学生的亲社会态度和行为有不同的影响②。国家、学校和家庭不仅要将信息传播给学生，还要提升他们对信息的辨认和理解能力。大学生在接收正面信息后，要学会将正面信息转化为正确的行为，在学习、生活和工作中不断强化自己的亲社会态度和行为。尤其是西藏的高校学生，一是要坚定政治立场，坚决维护祖国统一和民族团结。二是坚持以社会主义核心价值观为指引，树立正确的价值取向，自觉遵守法律法规、校纪校规，做一名合格的公民。在接收负面信息后，要学会透过现象看本质，取其精华，去其糟粕，吸取经验教训，坚守底线不盲目从众，勇于与社会上不良现象和行为做斗争，以培养优良的个人品质和行为道德修养。

第二，强化文化思想宣传，锻炼大学生信息掌握能力。首先，国家可以定

---

① 王少梅，孟瑞省. 试论大学生的文献信息吸收能力与素质教育［J］. 河北科技图苑，2003（1）：26-27，70.

② 师晓娟. 参考群体对大学生亲社会态度和行为的影响研究：以西藏自治区大学生为例［D］. 拉萨：西藏大学，2011.

期举办大学生系列比赛，例如演讲比赛、法律大赛或者政策比赛等，通过比赛把国家的政策制度或者法律条款传递给学生。如此，学生不仅仅掌握了信息，还可以提高他们对信息的理解能力，从而将信息更好地转化为自身的价值观。同时，要将亲社会信息转化为形式多样的内容在主流媒体广泛传播，如将信息制作为动漫、公益广告、宣传画报等在线上线下多种平台进行传播，提升信息的趣味性和可接受性，提高青年大学生对亲社会信息的接受程度和阅读量。其次，学校要多措并举，强化学生对信息的掌握。学校可以通过定期举办辩论赛、讲座等方式，让大学生不仅可以了解学校的规章制度、树立正确的价值观，还可以提升对信息的理解和吸收能力。比如，学校可以以当前社会的亲社会热门话题作为辩论题目，让学生在辩论中发现社会现象背后存在的深层次问题，从而提升学生掌握信息的广度和深度。这一方式也会远远比说教对学生的影响深远，能让学生在信息转化利用中树立正确的亲社会价值取向。最后，社区和家庭要配合开展相应的活动，提升大学生对信息的掌握能力。社区要通过进场所、进家庭开展国家政策和先进事迹宣讲活动，强化社会正能量的传播，确保寒暑假期的大学生接收正面信息的不间断性。同时，家庭中长辈要在闲暇时间为青年大学生讲述红色故事、身边好人好事，渲染良好的亲社会氛围，让大学生自觉融入亲社会环境，端正亲社会态度。

第三，强化大学生的信息吸收能力。为了提高信息吸收能力，大学生必须在心理和行为上不断调试和完善。首先，要积极获取和吸收正面信息。在这个信息大爆炸的时代，信息的获取也更加便捷和及时，面对纷繁复杂的信息内容和信息源，大学生要学会辨别和区分，获取正确的信息，要自觉接收和理解信息，把正面信息铭记于心。同时，要坚定立场，正确看待负面信息。其次，拓展获取和理解信息的能力和渠道。自觉参与国家、学校、社区和家庭开展的各类活动，在丰富的文化活动中不断深化对信息的理解，提高信息吸收能力，增强自身的亲社会态度和行为。最后，大学生要善于结交益友。同学是大学生在校园学习生活中接触最频繁的人群，每个人都有自己的人生观、价值观和世界观，面对信息时的态度和行为亦会有所不同，所以大学生要积极结交生活态度乐观、乐于助人、友善的朋友，带动自身接收积极正面的信息，以提高正面信息的吸收能力。

总之，大学生面对复杂多变的信息，要学会鉴别信息的真伪，同时要积极获取正面信息，对负面信息的干扰要“取其精华，去其糟粕”。要积极参加不同的活动，不断锻炼信息掌握的能力，深化对以获取信息的理解。国家、学校、社会要积极渲染亲社会的良好氛围，促进大学生提升对正面信息的吸收能力和对负面信息的抵御能力，以便将正面信息更快地转化为亲社会的态度和行为。

二、培育健康的群体规范，提高西藏大学生的亲社会态度和行为水平

（一）强化法律规范的影响

法律规范，是指通过国家的立法机关制定的或者认可的，用以指导和约束人们行为的一种行为规范①。一个现代化的国家必须是一个法治国家，国家要走向现代化，必须走向法治化。中国作为世界上最大的发展中国家，正在大踏步地向法治国家的道路上迈进。党的十八大以来，以习近平同志为核心的党中央坚持和拓展中国特色社会主义法治道路，将法治确立为治国理政的基本方式，把全面依法治国纳入“四个全面”战略布局②。依法治国的方略在我国推行以来，我国的立法速度迅速增长，一个具有中国特色的、较为科学完备的社会主义法律体系框架已经建立，并在广阔的范围内调整或触及国家生活、社会生活和公民生活③。就数量而言，今日中国之法，在世界上确实可谓是大国之法了，它是法学研究和法律实践的基础，是连接理论法学和实践法学的桥梁。遵纪守法也是每个公民的应尽义务，要牢固树立法律红线不能触碰、法律底线不能逾越的观念。因此，法律规范对大学生的行为规范有着重要影响。那么，如何加强法律规范对西藏大学生的影响，提高西藏大学生的亲社会态度和行为呢？本研究从以下几方面进行阐述。

第一，保证法律规范的良好性。得到执行的法律必定是“良法”，否则，法律往往不能够付诸实施。良法应该具备以下条件：首先，良法在价值上必须符合正义的要求④。其次，良法在内容上必须反映客观规律。最后，良法在形式上要求立法过程的民主化、法律表达的规范化和法律体系的科学化。只有良好的法律体系才能给大学生传递正确的价值观念，才能影响他们的亲社会态度和行为。因此，要加强法律规范对西藏大学生的亲社会态度和行为的影响，第一步就是要保证法律规范的良好性。

第二，保证法律规范的质量最优。什么样的法律才是质量最优的呢？不同

---

① 王艳芝，闫新磊．裁判解释基本原则在民事审判中的运用［J］．商业文化（学术版），2009（6）：141.

② 佚名．观点摘登［J］．信访与社会矛盾问题研究，2020（5）：128-146.

③ 李桂秋．中西方文化比较视域下的我国官场潜规则［J］．岭南学刊，2012（5）：116-120.

④ 丁以升，李清春．公民为什么遵守法律？（下）：评析西方学者关于公民守法理由的理论［J］．法学评论，2004（1）：29-35.

的人对此的理解也有不同。本研究认为，质量最优的法律应该满足以下两个条件：一是人的幸福是至关重要的，二是依照对人的幸福进行规范的后果的经验，法律必须接受。因此，要做到法律规范的质量最优，可以从以下几方面努力。首先，国家立法必须要尊重基层民众的合法权益。其次，法律制度要统一、协调。最后，法律要以社会为基础，有效地维系社会存在。这要求法律必须对其所面临的社会问题有敏锐地洞察，并进行有针对性的规范①。国家制定的法律法规，不仅要正确，而且要保证法律的质量最优，这样才能让大学生在日常生活中树立正确的价值观念，才能影响他们的亲社会态度和行为。因此，要加强法律规范对西藏大学生的亲社会态度和行为的影响，在保证法律规范良好的基础上，要保证法律规范的质量最优。

第三，保证司法在法律规范中的地位。司法对于法律实效的基本影响包括以下几点。首先，司法是法律实效的中介和条件。其次，司法通过具体个案的解决实现法律实效②。再次，司法通过其创造性功能拓展法律实效。最后，司法也可以矫正法律实效中的一些问题。故而，各国在司法的制度设计上都力求体现公正、公平的基本宗旨。因此，在强化法律规范对西藏大学生的影响时，不能忽略司法的影响。

第四，加强对法律规范的传播。法律传播的效果是法律传播活动开展的根本所在。加强完善法律传播有效性，有助于法律传播者有的放矢地开展法律传播活动，不断改进传播方法和传播技巧，总结传播的经验和教训，同时还能帮助法律传播决策者优化传播方案，调整传播策略和方式，增强传播的有效性③。要加强法律规范的传播，可以从以下两方面着手：一方面是传播者，另一方面是接收者。法律传播活动一般是由法律传播者进行的，法律传播者对法律传播活动所达到的效果起着至关重要的作用，其能力状况和素质水平将直接影响法律传播的质量和效果。对接受者而言，法律传播效果不仅体现出法律传播者有没有实现其传播意图与目的，同时也体现出法律接受者有没有满足其需求。首先，要满足接受者的多方位需求。以法治类电视节目为例，如何在“窄化”法治节目的同时满足接受者的多样需求，应该是法治类电视节目的一种发展趋势。其次，吸引接受者广泛参与。当接受者高度参与时，其往往能够迎合传播者的意图去改变自身的认知、情感或者是行为④。最后，建立相应的

① 赵树坤．社会冲突与法律控制［D］．重庆：西南政法大学，2007．

② 谢晖．论法律实效［J］．学习与探索，2005（1）：95-102．

③ 任青松．法律传播效果若干问题探析［D］．桂林：广西师范大学，2012．

④同③．

反馈机制。传播活动中反馈机制的形成之所以重要，是因为反馈机制的建立有助于对传播过程的较完整的把握，传播者能够在与接受者的互动中，对传播效果进行有效的监控。对接受者反馈进行调查和研究，保持传播者和接受者之间的相互影响和相互作用的关系，是达到良好的传播效果的必不可少的手段。

总之，法律作为治国之本，对大学生的行为规范有着重要影响。保证法律规范的良好性和质量最优，保证司法在法律规范中的地位，加强对法律规范的传播，对提升大学生的亲社会态度和行为水平都有重要作用。

（二）加快学校规范的传播

第一，从制度层面对大学生进行积极规范性的引导。主要是要求学校必须制定相应的规章制度，确定哪些行为是社会倡导的，哪些是禁止的，以文字的形式体现出来，给大学生的行为规范树立标准。例如可通过制订宿舍行为规范、班级行为规范等，不断促进大学生的亲社会行为。

第二，通过奖励措施对大学生进行积极规范性的引导。当大学生实施亲社会行为时，政府和学校的相关组织部门应及时给予奖励，通过奖励的方式，使大学生的亲社会行为得到认可和强化。奖励根据具体形式，可采用精神奖励与物质奖励相结合的手段，使奖励的强化效果更加持久。比如，对参加“三下乡”、义务支教等志愿活动的学生，应给予课外加分、评优评奖、适当的物质补贴或公开表扬等物质和精神奖励。此类规范性影响能够充分调动大学生的积极性，同时在社会实践过程中进一步感受“需要”和“被需要”，强化社会责任感，学会感恩社会、回报社会①。

第三，扩大辅导员和班主任的作用。辅导员和班主任作为学校的一分子，其行为规范也是学校规范的一部分，并且他们的观念和行为对大学生的亲社会态度和行为有着极为直接和重要的影响。因此，可以利用辅导员和班主任的作用去加强大学生的亲社会态度和行为。首先，保证辅导员和班主任自身的观念和行为是正确的，这样才能树立正确的榜样，保证传递给大学生的观念和行为是正确的。其次，辅导员和班主任应当以身作则，积极维护学校规范，起到模范带头作用。最后，辅导员和班主任应当加强行为规范的传播，如通过主题班会、实践活动和比赛演讲等方式。

第四，优化传播渠道。一是将不同的传播内容和渠道进行组合。例如，在传播法律学术信息时，电视就不如印刷媒介的效果好；而对于一些现场感与真

---

① 师晓娟. 参考群体对大学生亲社会态度和行为的影响研究：以西藏自治区大学生为例[D]. 拉萨：西藏大学，2011.

实感较强的法律新闻的报道，具有视听双通道特点的电视媒介则优于印刷媒介。二是在运用大众传播媒介进行传播时，尽量选择可信度更高和权威性更强的媒介，这是因为传播渠道本身的可信度对于传播效果具有同样重要的影响，而接受者对权威性较强的传播渠道往往会具有更强的信任感与亲切感①。

总之，大学生生活在校园中，最常接触到的就是学校规范，因此学校规范对提升西藏大学生的亲社会态度和行为有着重要作用。学校不仅要从制度层面对大学生进行积极规范性的引导，还要优化传播渠道，并通过奖励措施对大学生进行积极规范性的引导。

（三）注重个人规范的修炼

群体规范对大学生亲社会态度和行为的影响，最终是通过个体规范来实现的。因此，在强调群体规范的同时，还要注重个体规范的修炼。本研究认为，个体规范的修炼主要包括对群体规范的学习和将群体规范转化为个体规范这两方面，具体分析如下。

第一，大学生要加强对群体规范的学习。群体规范包括法律法规和学校规章制度等，这些都将影响大学生的个人规范。因此，首先要保证大学生学习的群体规范是正确可行的。国家和学校在制定法律法规和规章制度的时候，要坚持实事求是的原则，制订合理合法的群体规范供大学生学习和实践。只有保证群体规范的正确性，才能保证大学生的个体规范是正确的。其次，国家要加强法律法规的宣传教育。作为法律规范的主要制定者和传播者，必须加强法律规范的宣传教育，让大学生及时准确地了解国家的法律规范。宣传教育方式可以采用浏览政府部门官方网站、阅读法制频道和纸质报纸等方式。最后，学校也要加强法律规范的宣传和教育。大学生平时都生活在校园中，因此校纪校规对他们的影响至关重要。为了让学校的校纪校规被学生更好地了解和遵守，学校必须要加强对校纪校规的宣传。宣传教育方式可以采用浏览高校官方网站、粘贴栏以及开展主题班会等。

第二，大学生要将群体规范转化为自身的个体规范。大学生通过对群体规范的学习，已经对群体规范有了初步的认识和了解，此时最重要的就是如何将群体规范内化为自身的个体规范。首先，大学生应该多和辅导员、班主任交流。辅导员和班主任作为高校教师，其行为准则有参照作用，大学生可以效仿好的行为，提高自己的亲社会态度和行为水平。其次，大学生之间可以相互监督，相互提高。同学之间相互监督，能够更有效地将群体规范转化为个体规

① 任青松.法律传播效果若干问题探析［D］.桂林：广西师范大学，2012.

范，促进大家的共同进步与提高。最后，大学生要提高对自己的要求，时时以高标准严格要求自己。只有把标准定高，才能不断改正自身的不足，将群体规范转化为自身的个体规范。

总之，个体规范对提升大学生亲社会态度和行为至关重要，西藏大学生不仅仅要加强对群体规范的学习，还要将群体规范转化为自身的个体规范。

（四）减少消极规范的冲击

与没有约束规范相比，消极规范对亲社会行为影响更大。这说明大学生很在意别人的评价，不愿意“默默无闻做好事”。在当前充满竞争的社会背景下，大学生的自我意识和竞争意识尤其强烈，因此大部分学生的被评价意识处于觉醒状态。他们希望得到肯定和认可，当行为得到肯定和认可时，这些行为就会持续或重复出现，反之，否定或批评的评价会打击大学生亲社会行为的积极性。因此，来自外界的不适当的评价会产生放大效应。

所以，避免消极规范的影响的意义是重大的。大学生在亲社会行为中，难免会出现判断错误、行为方式不当等问题。为不打击学生亲社会行为的积极性，当学生出现错误时，不能简单地用消极规范性对其批评或惩罚，应该详细地了解事情的真相，再为其提供可行建议。如此一来，一方面避免了消极规范对学生的打击，另一方面也提高了学生分析问题、判断问题和解决问题的能力①。

总之，消极规范是客观存在的，但要采取各种措施将消极规范对亲社会态度与行为的负面影响降到最低。

三、加强价值观的引导教育，端正西藏大学生的亲社会态度和行为

前面的研究表明，在参考群体类型中，大学生更在意父母和老师的影响。父母是学生的启蒙者，教师是教育理念和方式的主要传播者和实施者，这二者无疑对大学生的影响很大。一方面，大学生的亲社会行为在很大程度上取决于二者的德育教育。另一方面，由于大学生中一部分人存在的“以自我为中心”的心理，对教师、父母的表扬感觉理所应当，对批评就难以接受。因此，教师和父母应该加强对大学生的思想政治教育，帮助其树立正确的人生价值观，使其懂得感恩他人，回报社会，进而促进亲社会行为。因此，本书主要从以下几方面对加强西藏大学生价值观引导策略进行阐述。

---

① 师晓娟. 参考群体对大学生亲社会态度和行为的影响研究：以西藏自治区大学生为例[D]. 拉萨：西藏大学，2011.

（一）社会层面——加强社会主义核心价值观的教育

社会主义核心价值观是社会主义核心价值体系的内核，体现社会主义核心价值体系的根本性质和基本特征，反映社会主义核心价值体系的丰富内涵和实践要求，是社会主义核心价值体系的高度凝练和集中表达。加强大学生核心价值观教育，对构建社会主义和谐社会具有重要意义①。大学生是祖国的未来，是中国特色社会主义事业未来的建设者和接班人，是构建社会主义和谐社会的生力军，也是社会文明道德风尚的重要体现者和传承者，他们的健康成长关系到和谐社会的构建。因此，要加强大学生社会主义核心价值观的教育，以社会主义核心价值观为导向，培育学生接受和认同社会主义核心价值观内容，进而培养西藏大学生的亲社会态度和行为。

第一，充分发挥思想政治理论课的作用，使之成为大学生社会主义核心价值观教育的主要阵地。首先，从大学生的角度去思考问题，树立“以人为本”的理念。在把社会主义核心价值观教育融入大学生课堂的过程中，要注意以人为本，按照“三贴近”的要求，不仅要关注课堂的理论教育，也要注意将理论与实践结合起来，提高思想政治教育的针对性、时效性和感染性。其次，把党的思想观念作为课堂重点传递给大学生，一切以党的思想方针作为衡量标准。还要把教学重点放到社会意识现象中来，帮助学生用学习到的理论知识去理解和分析社会现象，真正把理论应用于实践。最后，在教学过程中还要不断改进教学方式。不仅要鼓励教师在传递社会主义核心价值观时，灵活变换教学方式和手段，也要鼓励学生积极参与教学，这样才能让他们更加深刻地理解社会主义核心价值观。随着社会经济的发展，科技也日新月异，在教学过程中也还要利用现代科技手段，增强教学的吸引力，让大学生对教学内容产生浓厚的兴趣，从而正确认识社会主义核心价值观。

第二，充分强调社会实践的作用，把社会主义核心价值观教育与实践相结合②。人们价值观念的形成，离不开社会实践的作用，把理论知识应用于实践，才能更加透彻地理解和形成稳定的价值观念。因此，学校在加强理论教育的同时，还要鼓励大学生多参加社会实践。首先，学校应该引导大学生走出校门，积极参加社会实践，包括专业实践、工作实习和社会调查等。其次，多参加学校组织的各类活动，在实践活动中融入理论。最后，多阅读课外书籍，从

---

① 叶燕，莫坚义. 浅论大学生社会主义核心价值观教育［J］. 人民论坛，2010（29）：236-237.

②同①.

课外书籍中获取知识。

第三，充分尊重大学生的意愿，激发他们的积极性。学校忽略大学生意愿，强加的社会主义核心价值观教育并不能让学生真正理解和认同，只有大学生自愿学习，才能把价值观贯彻到底。因此，学校一定要尊重学生的意愿，增强他们对社会主义核心价值观学习的主动性。首先，增强课堂趣味，培养大学生对社会主义核心价值观学习的兴趣。其次，选择合适的教学方式，避免大学生对社会主义核心价值观教育产生反感。最后，建立规范的课程制度和赏罚分明的制度。对积极主动的大学生，要及时奖励和表扬，对那些不认真或者消极学习的大学生，要适当给予惩罚。

总之，要加强大学生的社会主义核心价值观教育①，通过各种途径提升他们的亲社会态度和行为。

（二）学校层面——丰富寓有价值观的高校文化活动

学校教育是促进大学生亲社会行为不可缺少的环节。学校是人一生中最主要的学习场所，而学校教育的主要目的就是帮助学生树立健全的人格。但目前，学校的教育更多停留在对学生专业技能的培养上，有的甚至带有功利性，偏离了教育的本质。这种教育模式下的学生往往以自我为中心，表现得自私、冷漠，甚至出现反社会行为。

学校在大学生的亲社会行为教育中要有所改进，需做好如下工作：

第一，充分发挥辅导员和班主任的作用。辅导员与班主任是大学生接触最多的教师，他们的影响也较大。学校应利用辅导员与班主任加强对学生的思想政治教育，帮助学生树立正确的人生观、价值观，使学生明白自己是“社会人”，从而更好地去适应社会②。在发挥辅导员和班主任对大学生价值观念的教育作用时，首先，要保证辅导员和班主任的价值观念是正确的，大学生接触最多的就是辅导员或者班主任，因此辅导员和班主任的价值观念直接影响学生的价值观念，所以，要加强对辅导员和班主任的价值观的引导；其次，辅导员和班主任对大学生价值观的引导方式必须正确，如开班级会议或者主题会议的时候，对价值观念有偏差的学生，尽量避免惩罚等消极的途径，而是采取奖励等积极的方式；最后，辅导员和班主任在生活中也应该多和学生交流，通过平时的接触和交流，帮助学生树立正确的价值观念。

---

① 吴光锡. 加强大学生社会主义核心价值观教育刍议［J］. 高教论坛，2015（2）：20-23.

② 师晓娟. 参考群体对大学生亲社会态度和行为的影响研究：以西藏自治区大学生为例［D］. 拉萨：西藏大学，2011.

第二，发挥任课教师的作用。教师的职责是“教书育人”，而目前部分任课教师只履行了“教书”职责，即教授专业课，而忽略了对学生“做人”的教育。学校可以鼓励、支持任课教师将亲社会理论与实例带入讲堂，为学生灌输亲社会知识理念。在发挥任课教师对大学生价值观念的教育作用时，首先要保证任课教师的价值观念是正确的，任课教师的价值观念直接影响学生的价值观念，所以，教师的价值观必须正确；其次，任课教师对大学生价值观的引导方式必须正确，尽量采取奖励等积极的方式去引导大学生；最后，任课教师应该鼓励大学生树立正确的价值观，用积极的态度去亲近社会，以改善他们的亲社会行为。

第三，有效利用社会资源。学校的教育资源是有限的，在亲社会的教育中，可以充分利用其他社会资源，如定期邀请一些贫困生资助者、慈善家等来校演讲，在现身说法的同时，激发学生亲社会的动力①。首先是对有形资源的利用，例如人力、物力、财力和场地空间等，学校的资源常常是大学生们能够时常获取的，而那些学校没有的资源，却对学生的吸引力更大。学校可以组织大学生对特殊场所进行参观。例如，如果要加强对西藏大学生的爱国主义教育，可以组织他们参观历史博物馆；如果要加强他们的宗教教育，可以组织他们参观布达拉宫等。但需要注意的是，在参观过程中，学校一定要注意对大学生们的安全管理，防止安全事故的发生。其次是对无形资源的利用，例如技术、知识、组织、社会关系等。学校与很多社会组织都积累了一定的社会关系，一方面可以请知名专家学者开设有关价值观教育的专题讲座，鼓励学生积极参与；另一方面也可以组织学生观看相关的视频，从视频中学习正确的价值观，从而激发学生的亲社会态度和行为。

第四，丰富寓有价值观的高校文化活动。大学生在平时的校园生活中，会参与高校的各类文化活动，因此，这类文化活动就成为传播价值观的重要途径。但是，这些文化活动不能只具有文化活动的形式，这样不会给学生留下任何印象，而是要把价值观念、道德规范与思维方式等蕴含在活动内容之中，使各种活动成为大学生价值观形成和发展的平台之一，让大学生在活动中，锤炼自己的思想和行为。比如培养大学生的集体观念，要求大学生做一个合群的人，能够与同伴和睦相处，因此可以开展相应的群体文化活动，如文明寝室比

① 师晓娟. 参考群体对大学生亲社会态度和行为的影响研究：以西藏自治区大学生为例[D]. 拉萨：西藏大学，2011.

赛、社会公益活动、进行有关大学生思想行为的主题调研活动等，在活动中培养他们的集体意识、锻炼合作精神以及与人沟通交流的能力，促使他们团结互助、宽容包容，形成集体凝聚力和荣誉感①。为了在高校文化活动中加强对大学生的价值观引导，首先，要保证文化活动所传递的价值观念是正确的；其次，鼓励学生积极参与文化活动，使其价值观念得到正确引导；最后，加强文化活动的宣传，让更多的大学生了解活动并积极参与。

第五，积极营造培养大学生责任意识的环境。虽然大学生具有极强的自我意识，但他们同时也富有深切关怀他人的潜力。通过开展社会实践活动培养学生的责任意识，引导大学生的亲社会行为。学校可以组织学生参加“三下乡”、义务支教、献血等志愿活动，进行一年一度的“校园模范行为评选”活动等，使学生能真正实现自我价值和社会价值的统一，并将其内化为责任意识，从根本上认同亲社会行为②。

第六，利用高校流行语加强对当代大学生价值观的引导教育。高校校园流行语是流行语中非常重要的一支，是当代大学校园生活的即时反映，充分折射出当代大学生们的文化心态和价值观念。因此研究当代高校校园流行语，有利于我们准确了解和把握当代大学生的思维方式与思想倾向、生活态度与处世哲学等诸多方面的有效信息③。高校流行语折射出的价值观具有良莠不齐、参差复杂、矛盾统一等特点，基于此，学校一方面要对大学生的价值观进行适当的引导，另一方面也要具体问题具体分析，把握机遇，探索大学生价值观引导的途径和方式，以便能够更好地做好大学生价值观教育工作。具体的措施如下。首先，为了增强大学生对价值观教育的兴趣，学校可以适当把校园流行元素加入价值观教育内容，把真实反映大学生生活、思想、感情等的内容作为流行元素加入课程体系，这样能够使教师上课时切身体会学生的感受，从而增强教师与学生的一致性，保证价值观教育更加有效地进行。其次，利用当代校园流行语营造和谐的校园文化。大学生生活在大学校园中，校园文化对他们的影响颇深，如果把流行的元素融入校园文化，营造和谐的文化环境，就能够让大学生切身体会价值观教育。最后，学校应该加强对流行语的宣传，让大学生感知学

---

① 康宇. 群体规范视角下的大学生价值观教育[J]. 牡丹江大学学报，2012，21（3）：136-138.

② 师晓娟. 参考群体对大学生亲社会态度和行为的影响研究：以西藏自治区大学生为例[D]. 拉萨：西藏大学，2011.

③ 黎昌友. 高校校园流行语及其对当代大学生价值引导教育的启示[J]. 内蒙古师范大学学报（教育科学版），2013，26（7）：33-36.

校对校园流行语的重视和支持，进而通过校园流行语，把价值观教育落到实处。

总之，从学校层面来说，要充分发挥辅导员、班主任和任课教师的作用，有效利用社会资源，丰富寓有价值观的高校文化活动，利用高校流行语加强对当代大学生价值观的引导教育，积极营造培养大学生责任意识的环境，进而提升西藏大学生的亲社会态度和行为。

（三）家庭层面——重视价值观教育和家庭环境影响

家庭教育是大学生接受的最基本的教育，是构建大学生亲社会行为的基础，其影响在一个人成长与发展的过程中是最深远的。

第一，父母要起到亲社会行为的表率作用。父母是一个人成长过程中的重要模仿对象，父母的观念和行为直接影响子女的行为①。首先，父母的价值观念必须是正确的。父母在教导子女时，通常是按照他们的价值观念去教育，因此父母的价值观是什么样，教导出来的孩子的价值观也是什么样，所以父母的价值观必须是正确的，这样才能正确引导子女的价值观。其次，父母要为孩子起表率作用。比如，经常与孩子一起帮助社区的孤寡老人，周末带孩子去养老院或者孤儿院做义务劳动者，以及为灾区献爱心等。最后，父母要营造良好的氛围，让整个家庭都洋溢着亲社会的气氛，孩子在这样的气氛下成长，就会耳濡目染，养成亲社会的态度和行为。

第二，传授孩子亲社会技能，鼓励孩子独立参与亲社会活动。父母以身作则的同时，还要传递给孩子亲社会技能，鼓励孩子单独进行亲社会行为。首先，父母要鼓励孩子独立实施亲社会行为，例如，过马路时帮扶老人、将地上的垃圾扔进垃圾桶、在班级中乐于助人等。其次，父母要不断传授亲社会的一些技巧、方法。例如，如何判断一个人是否真的需要帮助、遇到有人受伤应拨打 120、遇到火灾应拨打 119 等，鼓励孩子独立实施亲社会行为且尽量避免孩子在亲社会过程中受到伤害。再次，父母对于孩子正确的亲社会行为，应当给予一定的表扬和肯定，可以是精神上的，也可以是物质上的，但主要以精神上的为主。最后，对于孩子一些不正确的观念和行为，父母应该及时给予纠正或惩罚，尽量让孩子下次不再犯相同的错误。

第三，多传达亲社会的积极信息。随着社会的发展，诸多不良现象也随之

---

① 师晓娟. 参考群体对大学生亲社会态度和行为的影响研究：以西藏自治区大学生为例[D]. 拉萨：西藏大学，2011.

出现，如诈骗、碰瓷等，但父母不能让孩子袖手旁观，养成他们冷漠的态度。首先，面对社会上这些不良行为，父母要教育孩子形成正确的价值观念，要做一个亲社会的人。对那些需要帮助的人，应尽量积极帮助他们。其次，由于社会上诈骗、欺诈等行为时有发生，父母也应该帮助孩子提高认识与判断能力，不要让他们上当受骗。最后，要多传达积极信息，如社会上还是好人多，社会的和谐发展需要大家的共同努力等，并在与孩子的沟通过程中，多讲述亲社会行为、亲社会人物等。

第四，父母要营造一个和谐的家庭环境。环境对人的影响是非常大的，孩子如果生活在一个吵闹的环境中，其性格也将变得粗暴和浮躁。因此，父母必须努力营造一个和谐安静的家庭环境，潜移默化地引导孩子树立正确的价值观念。一方面，父母要修身养性，控制自己的脾气，尽量不在家庭里吵架，避免孩子受到不良气氛的影响。另一方面，父母要时常教育孩子，维持家庭的和谐，让孩子在幸福的环境中成长，这样才能引导他们树立正确的价值观，改善他们的亲社会态度和行为。

总之，从家庭层面来说，父母要起到表率作用，传授孩子亲社会技能，鼓励孩子单独实施亲社会行为，多传达亲社会的积极信息，营造和谐的家庭环境。

（四）个人层面——促使价值观外化为自身的行为准则

价值观教育的内容仅仅被大学生内化为自身的意识还不够，还需要进一步外化为自身的行为准则，以实际行动践行价值观。这样，价值观的教育效果才能得以维持。而价值观能否被个体外化为自身的行为准则，不仅取决于个体自身的努力，更取决于个体所处的群体环境①。

第一，自身加强价值观念的学习，树立正确的价值观。要促使价值观外化为自身的行为准则，价值观必须是正确的。如果大学生的价值观有偏差，必将导致其行为有失偏颇，从而带来较为恶劣的影响。因此，一方面，大学生必须加强价值观的学习，树立正确的价值观；另一方面，要摒除错误的价值观，发现自身价值观有失偏颇时，要及时改正。

第二，利用群体压力促使价值观外化为行为准则。当个体独自践行价值观时，会感觉势单力薄，也容易受到他人嘲讽，变得信心全无甚至打退堂鼓；但

① 康宇. 群体规范视角下的大学生价值观教育［J］. 牡丹江大学学报，2012，21（3）：136-138.

当群体内成员一致认同个体践行价值观的行为时，个体则会受到支持和鼓励，践行就变得比较容易，而且易于持续下去。因此，引导大学生群体内部养成积极进取、文明理性的风气，形成适当的群体压力，让个体感受到有形或无形的压力，能促使群体成员团结互助、共同进步。当个体，尤其是在同学或教师眼里都认为具有不良行为的个体，践行价值观时，群体成员更应及时给予适当的赞扬和鼓励，让其感受到群体成员的正向激励，这有助于其一步步养成良好的道德品质。反之，对于个体实施不符合价值观要求的行为，群体成员要表示否定，并营造群体压力，督促其向着正确的方向转变。

综上所述，改善大学生的亲社会态度与行为不是一蹴而就的，也不是单方面的，而需要从多角度、多层面进行，需要多方协作，长时间地坚持。亲社会行为是社会进步、和谐稳定发展的重要推动力，大学生是社会的未来和希望，对其亲社会行为的培养任重道远。

参考文献

CRISP，TURNER，2008. 社会心理学精要［M］. 赵德高，高明华，译. 北京：北京大学出版社.

TAYLOR S E，PEPLAU L A，SEARS D O，2005. 社会心理学［M］. 谢晓非，谢冬梅，张怡玲，等译. 北京：北京大学出版社.

《心理学百科全书》编辑委员会，1995. 心理学百科全书（全三卷）［M］. 杭州：浙江教育出版社.

布莱克韦尔，米德尼，恩格尔，2009. 消费者行为学［M］. 吴振阳，倪建明，彭红英，等译. 北京：机械工业出版社.

曹征，2013. 复杂信息下知情交易者投资反应实证研究：基于 IJAR 研究框架［D］. 成都：西南财经大学.

陈保发. 重庆小伙荣获上海“地铁侠”称号［EB/OL］.（2013-12-12）［2021-01-22］. http://roll.sohu.com/20131212/n391653050.shtml.

陈丽锦，2020. 大学生人格特质与亲社会行为的关系研究：道德判断能力的调节作用［D］. 海口：海南师范大学.

陈天竹，2011. 沈阳市初中地理生本课堂现状调查研究［D］. 延吉：延边大学.

陈向明，2000. 质的研究方法与社会科学研究［M］. 北京：教育科学出版社.

陈小萍，安龙，2019. 父亲协同教养对儿童亲社会行为的影响：安全感和人际信任的链式中介作用［J］. 中国临床心理学杂志，27（4）：803-807.

陈欣银，李伯黍，李正云，1995. 中国儿童的亲子关系、社会行为及同伴接受性的研究［J］. 心理学报，3：329-336.

陈宇海，2007. 培养亲社会行为是加强青少年思想道德建设的重要途径［J］. 青少年研究（山东省团校学报），6：5-7.

陈珝，傅宏，张晓文，2011. 通过共情训练改善大学生人际关系［J］. 南京理工大学学报（社会科学版），24（6）：79-84.

程琪，赵欢欢，郭德轩，等，2016. 家庭教养对青少年社会行为的影响：道德认同的中介作用［J］. 中国特殊教育，12：41-48.
成希. 老人小区跌倒 20 分钟无人扶死亡（图）［EB/OL］.（2010-12-16）［2021-01-22］. http://news.sina.com.cn/s/p/2010-12-16/061621650873.shtml.
池应华，2005. “见死不救”行为的事实认定与法律评价：社会心理学关于亲社会行为理论的启示［J］. 法商研究，6：13-17.
迟毓凯，2005. 人格与情境启动对亲社会行为的影响［D］. 上海：华东师范大学.
迟毓凯，2005. 拥挤与孤单：内隐的旁观者冷漠效应研究［C］//中国心理学会. 第十届全国心理学学术大会论文摘要集. 中国心理学会：271.
仇勇，姜蓓蓓，田雅琳，2015. “90 后”大学生的亲社会行为：现状、影响因素及辅导策略［J］. 现代教育管理，8：105-109.
丛文君，2008. 大学生亲社会行为类型的研究［D］. 南京：南京师范大学。
丛文君，2014. 大学生亲社会行为与人格特质的关系［J］. 江西社会科学，34（2）：245-249.
德波顿，2007. 身份的焦虑［J］. 陈广兴，南治国，译. 上海：上海译文出版社.
丁芳盛，2009. 大学生亲社会行为主观助人动机和社会干预探讨［J］. 浙江海洋学院学报（人文科学版），26（2）：119-122.
丁以升，李清春，2004. 公民为什么遵守法律?（下）：评析西方学者关于公民守法理由的理论［J］. 法学评论，1：29-35.
定险峰，刘华山，2011. 个体不幸情境下的慈善捐赠：共情的中介效应［J］. 中国临床心理学杂志，19（6）：759-762.
董京京，2019. 消费者与商家在线体验式互动对其购买意愿影响的研究［D］. 长春：吉林大学.
董庆，2008. 法律规范失效的原因及其消解［D］. 南京：南京师范大学.
杜本峰，耿蕊，2020. 困境家庭儿童亲社会行为影响因素、作用与边际效应分析［J］. 中国卫生政策研究，13（11）：9-17.
杜本峰，黄振霄，王翾，等，2019. 困境家庭学龄儿童与普通儿童心理困难和亲社会行为状况比较［J］. 中国公共卫生：1-6.
杜青龙，2011. 参考群体影响下的吸引效应与折衷效应研究［D］. 成都：西南财经大学.
杜秀莲，高静，2019. 初中生学校道德氛围与亲社会行为的关系：道德认同的中介作用［J］. 中国特殊教育，8：82-87.

傅端香，2007. 谈模拟面试法在《人员素质测评》课程教学中的应用［J］. 职业时空，6：42-43.
甘琳琳，佐斌，2006. 亲社会行为的动机理论［J］. 哈尔滨学院学报，12：17-21.
高树昱，李庆功，2005. 亲社会行为研究的新趋势［J］. 社会心理科学，20（5-6）：53-55，74.
葛高飞，2011. 中学生亲社会行为家族影响因素的探究与分析［D］. 北京：北京林业大学.
桂少波，文洁，姚东明，等，2020. "健康中国"战略背景下以江西中医药大学为例医药领域经管类学生就业意向的调查研究［J］. 中国医药科学，10（24）：28-30，35.
郭良，1998. 网络创世纪：从阿帕网到互联网［M］. 北京：中国人民大学出版社.
郭玉锦，王欢，2005. 网络社会学［M］. 北京：中国人民大学出版社.
郭志刚，2015. 社会统计分析方法：SPSS 软件应用［M］. 2 版. 北京：中国人民大学出版社.
哈斯克尔，雅布隆斯基，陆延，1985. 青少年犯罪的参考群体理论［J］. 现代外国哲学社会科学文摘，2：45-46.
韩丽颖，2005. 特质移情和状态移情及其对助人行为的影响研究［D］. 长春：东北师范大学.
郝旺奂，2020. 基于扎根理论的秦岭北麓西安段空间规划实施影响因素研究［D］. 西安：西安建筑科技大学.
何安明，2007. 大学生移情能力与利他行为的相关研究［J］. 黑龙江高校研究，2：154-156.
何志坚，2010. 新媒体技术下的人际传播："人性关怀"与"人性冷漠"的悖论［D］. 天津：南开大学.
和红，闫辰聿，张娇，2020. 困境家庭儿童亲社会行为及影响机制：基于父母重残重症家庭的研究［J］. 人口研究，44（4）：116-128.
侯菲，2015. 人际冷漠行为影响因素研究［D］. 昆明：云南师范大学.
侯芬，伍新春，邹盛奇，等，2018. 父母教养投入对青少年亲社会行为的影响：亲子依恋的中介作用［J］. 心理发展与教育，34（4）：417-425.
胡平，崔文田，徐青川，2007. 应用统计分析教学实践案例集［M］. 北京：清华大学出版社.

胡晓阳，1996. 对“旁观者冷漠现象”的思考［J］. 国际关系学院学报，3：50-54.
华红琴，2004. 社会心理学原理和应用［M］. 上海：上海大学出版社.
黄铃岚，2012. 消费者知情购假行为：感知风险、参考群体、购假意愿的影响［D］. 成都：西南财经大学.
黄希庭，2004. 简明心理学辞典［M］. 合肥：安徽人民出版社.
霍夫曼，2003. 移情与道德发展：关爱和公正的内涵［M］. 杨韶刚，万明，译. 哈尔滨：黑龙江人民出版社.
霍金斯，贝斯特，科尼，2000. 消费者行为学［M］. 符国群，等译. 北京：机械工业出版社.
蒋雪，2010. 网络环境下大学生亲社会行为研究［D］. 长春：吉林大学.
卡麦兹，2009. 建构扎根理论：质性研究实践指南［M］. 边国英，译. 重庆：重庆大学出版社.
卡斯特，2001. 网络社会的崛起［M］. 夏铸九，王志弘，等译. 北京：社会科学文献出版社.
康宇，2012. 群体规范视角下的大学生价值观教育［J］. 牡丹江大学学报，21（3）：136-138.
科特勒，2003. 营销管理［M］. 梅清豪，译. 上海：上海人民出版社.
孔令智，汪建新，周晓红，1987. 社会心理学新编［M］. 沈阳：辽宁人民出版社.
寇彧，2005. 如何评价青少年群体中的亲社会行为［J］. 教育科学，21（1）：41-43.
寇彧，付艳，张庆鹏，2007. 青少年认同的亲社会行为：一项焦点群体访谈研究［J］. 社会学研究，3：154-173，245.
寇彧，唐玲玲，2004. 心境对亲社会行为的影响［J］. 北京师范大学学报（社会科学版），5：44-49.
寇彧，王磊，2003. 儿童亲社会行为及其干预研究述评［J］. 心理发展与教育，4：86-91.
寇彧，徐华女，2005. 移情对亲社会行为决策的两种功能［J］. 心理学探新，3：73-77.
寇彧，张庆鹏，付艳，2008. 原型理论视野中的亲社会行为研究［J］. 心理与行为研究，2：137-143.
雷娟，聂衍刚，刘莉，2015. 大学生道德自我概念与亲社会行为倾向的关系

[J]. 广州大学学报（社会科学版），14（6）：74-78.
黎昌友，2013. 高校校园流行语及其对当代大学生价值观引导教育的启示 [J]. 内蒙古师范大学学报（教育科学版），26（7）：33-36.
李丹，2000. 影响儿童亲社会行为的因素的研究 [J]. 心理科学，3：285-288，381.
李桂秋，2012. 中西方文化比较视域下的我国官场潜规则 [J]. 岭南学刊，5：116-120.
李柳建，2007. 培养亲社会行为 提高心理健康水平 [J]. 中国成人教育，2：77-78.
李露，叶宝娟，倪林英，等，2020. 家庭亲密度对大学生亲社会行为的影响：有调节的中介效应 [J]. 中国临床心理学杂志，28（1）：178-180.
李明霞，郑昊，刘正奎，2019. 农村青少年抑郁症状和亲社会行为的关系 [J]. 中国学校卫生，40（11）：1665-1668.
李赛琦，王柳生，2020. 内源性羞耻与群体身份对亲社会行为的影响 [J]. 心理科学，43（4）：957-962.
李铁，2018. 培养大学生亲社会行为的个案工作实践 [D]. 长春：长春工业大学.
李温平，郭菲，陈祉妍，2019. 社会支持对青少年亲社会行为的影响：链式中介模型 [J]. 中国临床心理学杂志，27（4）：817-821. 李武，李昕，毛远逸，2021. 亲社会行为动机视角下公益众筹信息分享行为研究 [J]. 新闻与传播评论，74（2）：49-61.
李曦，林小楠，曹衍淼，等，2020. DRD4 基因与亲社会行为的关联及其潜在脑机制 [J]. 心理科学，43（2）：409-415.
李馨，刘培，肖晨洁，等，2020. 组织中权力如何促进亲社会行为？责任感知的中介作用 [J]. 心理科学进展，28（9）：1586-1598.
刘秀丽，2006. 当前中国亲社会行为研究中关注的主要问题 [J]. 九江学院学报（自然科学版），4：88-89，93.
李彦丽，2011. 高校网络舆情的管理与引导 [J]. 信息系统工程，2：90-92.
李志强，2019. 制度规范与网络社会公共安全治理：逻辑、特征及路径 [J]. 中国社会公共安全研究报告，1：59-75.
刘群，赵峰，张姝玥，2020. 相生相成：拥有生命意义与亲社会行为相互关系的纵向研究 [J]. 心理科学，43（6）：1438-1445.
刘婷，2011. 参考群体的不同信息对金融投资者行为模式差异的影响研究

[D]. 成都：西南财经大学.
刘衍玲，张小童，刘传星，等，2019. 亲社会视频游戏接触对中学生亲社会行为的影响：一个有调节的中介模型 [J]. 西南大学学报（自然科学版），41（6）：44-50.
刘燕，2011. 公共政策科学性的理论初探：以“中华文化标志城”为例 [J]. 法制与社会，4：173.
卢恒，张向先，吴雅威，等，2021. 基于扎根理论的学术 APP 用户信息交互行为影响因素研究 [J]. 情报杂志，40（4）：170-178.
卢永兰，2013. 大学生道德推脱、移情和亲社会行为的特点及其关系研究 [D]. 福州：福建师范大学.
鲁洁，2000. 人对人的理解：道德教育的基础——道德教育当代转型的思考 [J]. 教育研究，7：3-10，54.
罗珉，2006. 管理学 [M]. 北京：机械工业出版社.
吕哲委，2003. 论青少年亲社会行为及其培养 [J]. 宁波服装职业技术学院学报，1：84-87.
毛江华，张光磊，章发旺，2020. 伦理型领导与道德污名工作对下属道德情绪和亲社会行为的交互影响 [J]. 南开管理评论，23（3）：132-140.
聂婷婷，2020. 大学生的社会比较对亲社会行为的影响 [D]. 上海：上海师范大学.
牛素枝，陈勃，2009. 青少年亲社会行为培养的社会工作介入途径 [J]. 社会工作下半月（理论），9：51-53.
彭茜，庄贵军，郭艳霞，2009. 灰色营销的道德评价和行为倾向：参考群体的影响 [J]. 管理科学，22（3）：57-64.
彭小平，田喜洲，郭小东，2019. 组织中的亲社会行为研究述评与展望 [J]. 外国经济与管理，41（5）：114-127.
彭秀芳，2006. 大学生的移情结构及其与积极人格、亲社会行为的关系研究 [D]. 北京：首都师范大学.
钱新斌，2006. 亲社会行为与大学生心理健康教育 [J]. 长春工业大学学报，4：118-120.
钱新斌，2007. 和谐社会视野中的大学生亲社会行为培养 [J]. 高等农业教育，9：75-77.
钱新斌，桂守才，2006. 大学生亲社会行为及其培养刍议 [J]. 江苏广播电视大学学报，5：79-81.

钱新斌，张晓蕾，2007. 大学生亲社会行为的意义及培养［J］. 安徽广播电视大学学报，1：79-81.

任青松，2012. 法律传播效果若干问题探析［D］. 桂林：广西师范大学.

尚思源，苏彦捷，2020. 道德认知、道德情绪与亲社会行为的关系：来自元分析的证据［J］. 科学通报，65（19）：2021-2042.

师晓娟，2011. 参考群体对大学生亲社会态度和行为的影响研究：以西藏自治区大学生为例［D］. 拉萨：西藏大学.

师晓娟，杜青龙，2013. 参考群体规范影响下大学生亲社会行为研究：来自西藏地区的证据［J］. 西藏大学学报（社会科学版），28（1）：42-48.

石荣，刘昌，2019. 基于直觉的亲社会性：来自社会启发式假设的思考［J］. 心理科学进展，27（8）：1468-1477.

宋仕婕，丁凤琴，2016. 不同移情能力大学生亲社会行为的道德启动效应［J］. 教育学术月刊（3）：71-76+84.

宋晔，魏亚平，2013. 校园人际关系冷漠的伦理拯救［J］. 教育理论与实践，33（2）：15-17.

王建峰，戴冰，2020. “追名弃利”：权力动机与社会存在对亲社会行为的影响［J］. 心理学报，52（1）：55-65.

王美芳，2000. 学前儿童亲社会行为的发展特点与教育［J］. 山东师大学报（社会科学版），4：74-76.

王美芳，陈会昌，2003. 青少年的学业成绩、亲社会行为与同伴接纳、拒斥的关系［J］. 心理科学，26（6）：1130-1131.

王少梅，孟瑞省，2003. 试论大学生的文献信息吸收能力与素质教育［J］. 河北科技图苑，1：26-27，70.

王同林，2019. 核心素养视域下高中生亲社会行为的养成［J］. 中学政治教学参考，36：38-39.

王文超，伍新春，2020. 共情对灾后青少年亲社会行为的影响：感恩、社会支持和创伤后成长的中介作用［J］. 心理学报，52（3）：307-316.

王文涛，2020. “活在脚下”：重庆F区街头修脚女工的自我认同建构［J］. 湖北民族大学学报（哲学社会科学版），38（6）：68-75.

王晓茜，姚昊. 大学生参与大学内部治理行为的影响因素研究：基于多群组结构方程模型的实证分析［J/OL］. 重庆高教研究：1-15［2021-05-26］. http://kns.cnki.net/kcms/detail/50.1028.G4.20210104.1630.002.html.

王欣，张真，2019. 学龄前儿童的亲社会行为动机［J］. 学前教育研究，6：

45–57.
王旭升，2019. 大学生安全感、价值观与亲社会行为的关系研究［D］. 石家庄：河北师范大学.
王璇，李磊，2019. 有界广义互惠与社会认同：社交网络游戏对大学生群体亲社会行为机制研究［J］. 国际新闻界，41（6）：48–65.
王艳芝，闫新磊，2009. 裁判解释基本原则在民事审判中的运用［J］. 商业文化（学术版），6：141.
危敏，2007. 大学生网络亲社会行为的研究［D］. 济南：山东大学.
魏超，2019. 情绪智力对大学生亲社会行为的影响：一个有调节的中介模型［D］. 长春：东北师范大学.
魏曙光，孙五俊，陈洁，等，2017. 家庭环境与大学生亲社会行为：有调节的中介作用［J］. 中国临床心理学杂志，25（4）：743–746.
魏真瑜，邓湘树，赵治瀛，2021. 亲社会行为中的从众效应［J］. 心理科学进展，29（3）：531–539.
吴光锡，2015. 加强大学生社会主义核心价值观教育刍议［J］. 高教论坛，2：20–23.
吴明隆，2009. 结构方程模型：AMOS 的操作与应用［M］. 重庆：重庆大学出版社.
吴臻，1988. 参考群体对消费者行为的影响［J］. 消费经济，5：8–13.
邢采，刘婷婷，张希，2015. 危机情境下的亲社会行为：求偶动机对危机救助意愿的影响［J］. 心理科学，38（1）：172–178.
夏晓彤，段锦云，黄辛隐. 错失恐惧对亲社会行为的影响［J/OL］. 心理发展与教育，2021（3）：344–352［2021–03–23］. https://doi.org/10.16187/j.cnki.issn1001–4918.2021.03.05.
肖凤秋，郑志伟，陈英和，2014. 亲社会行为产生机制的理论演进［J］. 心理科学，37（5）：1263–1270.
肖凤秋，郑志伟，陈英和，2019. 受助者结果类型对亲社会表现的影响：成人与儿童的对比研究［J］. 心理发展与教育，35（3）：274–281.
谢晖，2005. 论法律实效［J］. 学习与探索，1：95–102.
许丹，李亦欣，2020. 个体助人行为的形成与发展：基于扎根理论的探究［J］. 心理科学，43（5）：1243–1249.
许帅丹，2012.“见死不救”事件背后的人际冷漠反思［J］. 现代物业（中旬刊），6：148–149.

杨飞，2005. 青少年“亲社会行为”的缺失及其原因分析［J］. 淮北职业技术学院学报，4（2）：38-40.
杨国枢，黄光国，杨中芳，2008. 华人本土心理学（下）［M］. 重庆：重庆大学出版社.
杨国枢，陆洛，2009. 中国人的自我：心理学的分析［M］. 重庆：重庆大学出版社.
杨静，2006. 大学生亲社会价值取向与亲社会行为研究［D］. 武汉：华中科技大学.
杨萍，2001. 不同权威对小学儿童亲社会行为影响的实验研究［D］. 重庆：西南师范大学.
杨溪，2002. 8~10 岁儿童道德情绪归因与与亲社会行为的关系［D］. 长春：东北师范大学.
杨晓溪，2011. 浅论幼儿亲社会行为的培养［J］. 课程教材教学研究（幼教研究），1：68-69.
姚琦，吴章建，张常清，等，2020. 权力感对炫耀性亲社会行为的影响［J］. 心理学报，52（12）：1421-1435.
叶燕，莫坚义，2010. 浅论大学生社会主义核心价值观教育［J］. 人民论坛，29：236-237.
佚名，2020. 观点摘登［J］. 信访与社会矛盾问题研究，5：128-146.
佚名. 女子背名贵挎包跪地乞讨 称只求 3 元或路费［EB/OL］.（2010-04-04）［2021-01-22］. https://news.qq.com/a/20100404/000053.htm.
殷方敏，2006. 青少年参与家务劳动意识的培养［J］. 教育评论，2：22-25.
于永军，2017. 树立正确的家庭价值观［N］. 解放军报，2017-02-09（006）.
俞国良，1999. 社会认知视野中的亲社会行为［J］. 北京师范大学学报（社会科学版），1：20-25.
余宏波，刘桂珍，2006. 移情、道德推理、观点采择与亲社会行为关系的研究进展［J］. 心理发展与教育，1：113-116.
袁孟林，2018. 责任归因对大学生人际冷漠的影响［D］. 昆明：云南师范大学.
苑明亮，李文岐，寇彧，2019. 社会阶层如何影响个体的亲社会行为？机制与相关因素的探讨［J］. 北京师范大学学报（社会科学版），5：37-46.
詹姆斯，2010. 心理学原理［M］. 田平，译. 北京：中国城市出版社.
张爱社，蒋建国，2003. 论大学生亲社会行为习惯的培养［J］. 龙岩师专学报，23（1）：101-103.

张鼎，2019. 新时期高等学校心理健康教育规范化建设［J］. 教育观察，8（32）：21-23.
张剑渝，杜青龙，2009. 参考群体、认知风格与消费者购买决策：一个行为经济学视角的综述［J］. 经济学动态，11：83-86.
张璟，袁悦，卫博峰，等，2020. 父母教养方式对中职生亲社会行为的影响：两类共情的中介作用［J］. 心理学探新，40（1）：70-78.
张梦圆，杨莹，寇彧，2015. 青少年的亲社会行为及其发展［J］. 青年研究，4：10-18，94.
张文新，1999. 儿童社会性发展［M］. 北京：北京师范大学出版社.
张小童，刘衍玲，唐蕾，等，2020. 暴力视频游戏接触与青少年亲社会行为的关系：一个有调节的中介模型［J］. 中国临床心理学杂志，28（2）：261-264，268.
张孝义，胡卫平，程素萍，2006. 大学生的亲社会行为现状及其培养［J］. 山西农业大学学报（社会科学版），5（4）：445-447.
章滢，2005. 大学生利他行为、移情能力及其相关研究［D］. 南京：南京师范大学.
张智琦，朱睿达，刘超，2020. 国家自豪感对亲社会行为的影响：群体类型和忠诚度的调节作用［J］. 科学通报，65（19）：1956-1966.
章志光，1996. 社会心理学［M］. 北京：人民教育出版社.
章志光，2005. 学生的价值观、价值取向及其与亲社会行为的关系初探［J］. 社会心理科学，20（4）：408-416.
赵树坤，2007. 社会冲突与法律控制［D］. 重庆：西南政法大学.
赵章留，寇彧，2006. 儿童四种典型亲社会行为发展的特点［J］. 心理发展与教育，1：117-121.
郑丹清，2019. 英文绘本传播对培养儿童亲社会行为的研究［J］. 出版广角，16：80-82.
郑杭生，2010. 中国特色和谐社区建设“上城模式”实地调查研究［M］. 北京：世界图书出版公司.
周欣然，胡思远，梁丽婵，等，2020. 初中生亲社会行为与主观幸福感的三年交叉滞后分析［J］. 中国临床心理学杂志，28（3）：561-565.
朱丹，李丹，2006. 初中生道德推理，移情反应，亲社会行为及其相互关系的比较研究［J］. 心理科学，28（5）：1231-1234.
朱嘉兴，2007. 试论青少年亲社会行为实践的培养［J］. 牡丹江教育学院学报，

3：86-87.
朱力，1997. 旁观者的冷漠［J］. 南京大学学报（哲学·人文科学·社会科学版），2：114-125.
左宏梅，2009. 青少年亲社会行为及学校培养策略［J］. 中小学心理健康教育，3：7-9.
ADAMS L，GOUVOUSIS A，VANLUE M，et al.，2004. Social story intervention：Improving communication skills in a child with an autism spectrum disorder［J］. Focus on Autism and Other Developmental Disabilities，19（2）：87-94.
AGOSTA E，GRAETZ J E，MASTROPIERI M A，et al.，2004. Teacher-researcher partnerships to improve social behavior through social stories［J］. Intervention in School and Clinic，39（5）：276-287.
ALMUNIA M，GUCERI I，LOCKWOOD B，et al.，2020. More giving or more givers? The effects of tax incentives on charitable donations in the UK［J］. Journal of Public Economics，183（1）：104-114.
AMERICUS R II，WOOTEN D，2004. Playing it safe：Susceptibility to normative influence and protective self-presentation［J］. Journal of Consumer Research，31（3）：551-556.
AMY L K，DANTE C，FRED A R，2000. Child compliance/noncompliance and maternal contributors to internalization in maltreating and nonmaltreating dyads［J］. Child Development，71（4）：1018-1032.
ANAGNOSTOU E，SOORYA L，CHAPLIN W，et al.，2012. Intranasal oxytocin versus placebo in the treatment of adults with autism spectrum disorders：A randomized controlled trial［J］. Molecular Autism，12（3）：16.
ANDERSON C A，BUSHMAN B J，2002. Human aggression［J］. Annual Review of Psychology，53：27-51.
ANGELA R，KATHERINE B C，2003. Attachment style differences in the processing of attachment-relevant information：Primed style effects on recall，interpersonal expectations，and affect［J］. Personal Relationships，10（1）：59-75.
ANNA C，JANE O，NAOMI W，2019. The impact of a school-based musical contact intervention on prosocial attitudes，emotions and behaviors：A pilot trial with autistic and neurotypical children［J］. Autism，23（4）：933-942.
ANONYMOUS，2013. Review examines use of oxytoc in for some psychiatric disorders［J］. Journal of Psychosocial Nursing and Mental Health Services，12：8.

AQUINO K, FREEMAN D, REED A, et al., 2009. Testing a social-cognitive model of moral behavior: The interactive influence of situations and moral identity centrality [J]. Journal of Personality&Social Psychology, 97 (1): 123-141.

AQUINO K, REED A II, 2002. The self-importance of moral identity [J]. Journal of Personality & Social Psychology, 83 (6): 1423-1440.

BANDURA A. 1977. Self-efficacy: Toward a unifying theory of behavioral change [J]. Psychological Review, 84 (2): 191-215.

BARON R M, KENNY D A, 1986. The moderator-mediator variable distinction in social psychological research: Conceptual, strategic and statistical considerations. Journal of Personality and Social Psychology, 51: 1173-1182.

BARRETT L, DUNBAR R, LYCETT J, 2002. Human evolutionary psychology [J]. Trends in Ecology & Evolution, 20 (1): 52-70.

BARRY L M, BURLEW S B, 2004. Using Social stories to teach choice and play skills to children with autism [J]. Focus on Autism and Other Developmental Disabilities, 19 (1): 45-51.

BARTUS T, 2005. Estimation of marginal effects using margeff [J]. The Stata Journal, 5 (3): 309-329.

BASTON C D, 1998. Altruism and prosocial behavior [M]. Boston, MA: McGraw-Hil.

BASTON C D, 2014. The altruism question: Towards a socialpsychological answer [M]. New York: Psycology Press.

BATSON C D, Coke J S, 1981. Empathy: A source of altruistic motivation for helping [M]. Hillsdale, NJ: Erlbaum.

BAUMEISTER R F, CAMPBELL J D, KRUEGER J I, et al., 2003. Does high self-esteem cause better performance, interpersonal success, happiness, or healthier lifestyles [J]. Psychological Science in the Public Interest, 4 (1): 1-44.

BEARDEN W O, NETEMEYER R G, AND TEEL J E, 1989. Measurement of consumer susceptibility to interpersonal influence [J]. Journal of Consumer Research, 15 (4): 473-481.

BECK A M, KATCHER A H, 1984. A new look at pet-facilitated therapy [J]. Journal of the American Veterinary Medical Association, 184 (4): 414-421.

BERGIN C A, BERGIN D A, FRENCH E, 1995. Preschoolers' Prosocial Repertoires: Parents' Perspectives [J]. Early Childhood Research Quarterly, 10 (1): 81-103.

BLAU D M, 1999. The effect of child care characteristics on child development [J]. The Journal of Human Resources, 34 (4): 786-822.

BOWEN F, BLACKMON K, 2003. Spirals of silence: The dynamic effects of diversity on organizational voice [J]. Journal of Management Studies, 40 (6): 1393-1417.

BRONFENBRENNER U, 2005. Making human being human: Bioecological perspectives on human development [M]. Thousand Oaks, CA: Sage Publications.

BROWN B B, LARSON J, 2009. Peer relationships in adolescence [M]. Hoboken, NJ: John Wiley&Sons, Inc.

BRYANT B, 1990. The richness of the child-pet relationship: A consideration of both benefits and costs of pets to children [J]. Anthrozoos, 3: 253-261.

CAMPBELL D B, DATTA D, JONES S T, et al., 2011. Association of oxytocin receptor (OXTR) gene variants with multiple phenotype domains of autism spectrum disorder [J]. Journal of Neurodevelopmental Disorders, 3: 101-112.

CARLO G, 2006. Care-based and altruistically based morality [M]. MELANIE K, JUDIT S, Handbook of moral development. Hillsdale, NJ: Lawrence Erlbaum Associates Publishers.

CARLO G, 2014. The development and correlates of prosocial moral behavior [M] //KILLEN M, SMETANA J G. Handbook of moral development. New York: Psychology Press.

CARLO G, HAUSMANN A, CHRISTIANSEN S, et al., 2013. Sociocognitive and behavioral correlates of a measure of prosocial tendencies of adolescents [J]. The Journal of Early Adolescence, 23 (1): 107-134.

CARLO G, PEDILLA-WALKER L M, NILSON M G, 2015. Longitudinal bidirectional relations between adolescents' sympathy and prococial behavior [J]. Developmental Psychology, 51 (12): 1771-1777.

CARLO G, RANDALL B A, 2002. The development of a measure of prosocial behaviors for late adolescents [J]. Journal Youth and Adolescence, 31 (1): 31-44.

CARLSON M, CHARLIN V, MILLER N, 1988. Positive mood and helping behavior: A test of six hypotheses [J]. Journal of Personality and Social Psychology, 55 (2): 211-229.

CHELL K, RUSSELL-BENNETT R, MORTIMER G, 2019. Exploring psychological determinants of sharing donor recognition on social networking sites [J]. International Journal of Nonprofit and Voluntary Sector Marketing, 4: 1-12.

CHERNYAK N, HARVEY T, TARULLO A R, et al., 2018. Varieties of young children's prosocial behavior in Zambia: The role of cognitive ability, wealth, and inequality beliefs [J]. Front Psychol, 9: 2209.

CHEUNG S K, SUN S Y, 1999. Assessment of optimistic self-beliefs: Further validation of the Chinese version of the general self-efficacy scale [J]. Psychological Reports, 85 (3Pt2): 1221-1224.

CHILDERS T L, RAO A R, 1992. The Influence of familial and peer-based reference groups on consumer decisions [J]. Journal of Consumer Research, 19 (9): 198-211.

CLARK R D, WORD L E, 1974. Where is the apathetic bystander? Situational characteristics of the emergency [J]. Journal of Personality&Social Psychology, 29 (3): 279-287.

COCANOUGHER A, BRUCE G D, 1971. Socially distant reference groups and consumer aspirations [J]. Journal of Marketing Research, 8 (3): 379-381.

COOLEY C H, 1964. Human nature and the social order [M]. New York: Schocken Books.

CORONA R, DISSANAYAKE C, ARBELLE S, et al., 1998. Is affect aversive to young children with autism? Behavioral and cardiac response to experimenter distress [J]. Child Development, 69 (6): 1494-1502.

COVA F, DEONNA J, SANDER D, 2017. That's deep! The role of being moved and feelings of profundity in the appreciation of serious narratives [M] //The Palgrave Handbook of Affect Studies and Textual Criticism. New York: Palgrave Macmillan.

CRICK N R, DODGE K A, 1994. A review and reformulation of social information-processing mechanisms in children's social adjustment [J]. Psychological Bulletin, 115 (1): 74-101.

CROCKER J, LUHTANEN K R, COOPER L M, et al., 2003. Contingencies of self-worth in college students: Theory and measurement [J]. Journal of Personality and Social Psychology, 85 (5): 894-908.

DAWSON E M, 2001. Reference group theory and its implications for a study of Jeanes supervisors in Leon County [D]. Tallahassee: Florida State University.

DE MERS, CATHERINE L, 2007. Effects of music therapy on prosocial behavior of students with autism and developmental disabilities [D]. Las Vegas: University of Nevada.

DECI E L, RYAN R M, 2000. The "What" and "Why" of goal pursuits: Human needs and the self-determination of behavior [J]. Psychological Inquiry, 11 (4): 227-268.

DE DREU C K, GREER L L, HANDGRAAF M J, et al., 2010. The neuropeptide oxytocin regulates parochial altruism in intergroup conflict among humans [J]. Science, 328: 1408-1411.

DEUTSCH M, GERARD H B, 1955. A study of normative and informational social influences upon individual judgment. Journal of Abnormal and Social Psychology, 51: 629-636.

DENNIS L P, 2009. Does size really matter? The relationship between the number of outgroups and prosocial behavior [D]. Warrensburg: University of Central Missouri.

DEWEY J, 1927. The public and its problems: An essay in political inquiry [M]. New York: Henry Holt & Company.

DOMES G, HEINRICHS M, MICHEL A, et al., 2007. Oxytoc in improves "mind-reading" in humans [J]. Biological Psychiatry, 61: 731-733.

DOVIDIO J F, PILIAVIN J A, SCHROEDER D A, et al., 2006. The social psychology of prosocial behavior [M]. Hillsdale, NJ: Psychology Press.

DUNBAR R, 2012. Social cognition on the internet: Testing constraints on social network size [J]. Philosophical Transactions of the Royal Society of London, 367 (1599): 2192-2201.

EDUARDO P A, 2011. If happiness is relative, against whom do we compare ourselves? Implications for labour supply [J]. Journal of Population Economics, 24 (4): 1411-1442.

EISENBERG N, 1986. Altruistic emotion, cognition, and behavior [M]. Hillsdale, NJ: Lawrence Erlbaum Associates Publishers.

EISENBERG N, 1999. Consistency and development of prosocial dispositions: A longitudinal study [J]. Child Development, 70: 1360-1372.

EISENBERG N, FABES R A, 1998. Prosocial development [M] //Handbook of children Psychology: Social, emotional, and personality development. Hoboken, NJ: John Wiley & Sons: 701-778.

EISENBERG N, FABES R A, SHEPARD S A, et al., 1998. Contemporaneous and longitudinal prediction of children's sympathy from dispositional regulation and emotionality [J]. Developmental Psychology, 34 (5): 910-924.

EISENBERG N, SADOVSKY A, 2004. Development of prosocial behavior [J]. Encyclopedia of Applied Psychology, 3: 137-141.

EISENBERG N, SPINRAD T L, KNAFO-NOAM A, 2015. Prosocial development [M] //Handbook of child psychology and developmental science. Hoboken, NJ: John Wiley & Sons: 610-656.

ERREYGERS S, VANDEBOSCH H, VRANJES I, et al., 2018. Development of a measure of adolescents' online prosocial behavior [J]. Journal of Children and Media, 12 (4): 1-17.

ERREYGERS S, VANDEBOSCH H, VRANJES I, et al., 2019. Feel good, do good online? Spillover and crossover effects of happiness on adolescents' online prosocial behavior [J]. Journal of Happiness Study, 20: 1241-1258.

FALANGA R, CAROLI M E, SAGONE E, 2014. Humor styles, self-efficacy and prosocial tendencies in middle adolescents [J]. Procedia-social and behavioral science, 127: 214-218.

FASSINGER R E, RUTH E, 2005. Paradigms, praxis, problems and promise: Grounded theory in counseling psychology research [J]. Journal of Counseling Psychology, 52 (2): 156-166.

FEATHER J, MCGILLIS HALL L, TRBOVICH P, et al., 2018. An integrative review of nurses' prosocial behaviours contributing to work environment optimization, organizational performance and quality of care [J]. Journal Nursing Management, 26 (7): 769-781.

FILIATRE J C, MILLOT J L, MONTAGNER H, et al., 1988. Advances in the study of the relationship between children and their pet dogs [J]. Anthrozoös, A Multidisciplinary Journal of The Interactions of People and Animals, 2 (1): 22-32.

FLANAGAN C A, 2013. Teenage citizens: The political theories of the young [M]. Cambridge, Mass.: Harvard University Press.

GÄCHTER S, FEHR E, 1999. Collective action as a social exchange [J]. Journal of Economic Behavior&Organization, 39 (4): 341-369.

GAERTNER S L, DOVIDIO J F, 1977. The subtlety of White racism, arousal, and helping behaviour [J]. Journal of Personality and Social Psychology, 35 (10): 691-707.

GARCIA S M, WEAVER K, MOSKOWITZ G B, et al., 2002. Crowded minds: The implicit bystander effect. Journal of Personality and Social Psychology, 83: 843-853.

GAUVAIN M, HUARD R D, 1999. Family interaction, parenting style, and the development of planning: A longitudinal analysis using archival data [J]. Journal of Family Psychology, 13 (1): 75-92.

GEORGIOU S N, IOANNOU M, STAVRINIDES P, 2017. Parenting styles and bullying at school: The mediating role of locus of control [J]. International Journal of School&Educational Psychology, 5 (4): 226-242.

GINTIS H, 2000. Strong reciprocity and human sociality [J]. Journal of Theoretical Biology, 206 (2): 169-179.

GLASER B G, STRAUSS A L, 1967. The discovery of grounded theory [M]. New York: Socialogy Press.

GOODMAN R, 2001. Psychometric properties of the strengths and difficulties questionnaire [J]. Journal of the American Academy of Child and Adolescent Psychiatry, 40 (11): 13-37.

GRAZIANO W G, HABASHI M M, BE SHEES B E, et al., 2007. Agreeableness, empathy, and helping: A person x situation perspective [J]. Journal of Personality and Social Psychology, 93 (4): 583-599.

GREITEMEYER T, 2011. Effects of prosocial media on social behavior: When and why does media exposure affect helping and aggression? [J]. Current Directions in Psychological Science, 20 (4): 251-255.

GREITEMEYER T, OSSWALD S, 2011. Playing prosocial video games increases the accessibility of prosocial thoughts [J]. The Journal of Social Psychology, 151 (2): 121-128.

HART L A, 1995. The role of pets in enhancing human well-being: Effects for older people [J]. The Waltham Book of Human-Animal Interaction, 2: 7-17.

HAYES A F, 2013. An introduction to mediation, moderation, and conditional process analysis: a regression-based approach [J]. Journal of Educational Measurement, 51 (3): 335-337.

HODGE K, GUCCIARDI D F, 2015. Antisocial and prosocial behavior in sport: The role of motivational climate, basic psychological needs, and moral disengagement [J]. Journal of Sport and Exercise Psychology, 37 (3): 257-273.

HODGE K, LONSDALE C, 2011. Prosocial and antisocial behavior in sport: The role of coaching style, autonomous vs. controlled motivation, and moral disengagement [J]. Journal of Sport and Exercise Psychology, 33 (4): 527-547.

HOFFMAN M L, 2000. Empathy and moral development: Implications for caring and justice [M]. Cambridge, UK: Cambridge University Press.

HOLLANDER E, BARTZ J, CHAPLIN W, et al., 2007. Oxytocin increases retention of social cognition in autism [J]. Biological Psychiatry, 61 (4): 498-503.

HOFFMAN M L, 1987. The contribution of empathy to justice and moral judgement [M] //Empathy and its development. Cambridge, UK: Cambridge University Press.

HORIUCHI F, OKA Y, UNO H, et al., 2014. Age-and sex-related emotional and behavioral problems in children with autism spectrum disorders: Comparison with control children [J]. Psychiatry and Clinical Neurosciences, 68 (7): 542-550.

HUANG Y H, SHI J Q, WANG L, 2012. Consumer susceptibility to interpersonal influence in mainland China [J]. Asian Journal of Social Psychology, 15 (2): 140-144.

HYMAN H, SINGER E, 1968. Readings in reference group theory and research [M]. New York: The Free Press.

INGERSOLL B, 2008. The social role of imitation in autism [J]. Implications for the Treatment of Imitations Deficits & Infants Young Children, 21 (2): 107-119.

ITO T A, LARSEN J T, SMITH N K, et al., 1998. Negative information weighs more heavily on the brain: The negativity bias in evaluative categorizations [J]. Journal of Personality and Social Psychology, 75 (4): 887-900.

IZUMA K, MATSUMOTO K, CAMERER C F, et al., 2011. Insensitivity to social reputation in autism [J]. Proceedings of the National Academy of Sciences, 108 (42): 17302-17307.

JAFARY F, FARAHBAKHSH K, SHAFIABADI A, et al., 2011. Quality of life and menopause: Developing a theoretical model based on meaning in life, self-efficacy beliefs, and body image [J]. Aging Mental Health, 15 (5): 630-637.

JAMES A, 1989. Giving with impure altruism: Applications to charity and ricardian equivalence [J]. Journal of Political Economy, 97 (6): 1447-1458.

JAMES A, 1990. Impure altruism and donations to public goods: A theory of warm-glow giving [J]. The Economic Journal, 100 (401): 464-477.

JIA Y, WAY N, LING G, et al., 2009. The influence of student perceptions of school climate on socioemotional and academic adjustment: A comparison of Chinese and American adolescents [J]. Child Development, 80 (5): 1514-1530.

KAVUSSANU M, 2008. Moral behaviour in sport: A critical review of the literature [J]. International Review of Sport&Exercise Psychology, 1 (2): 124-138.

KAVUSSANU M, SEAL A R, PHILLIPS D R, 2006. Observed prosocial and antisocial behaviors in male soccer teams: Age differences across adolescence and the role of motivational variables [J]. Journal of Applied Sport Psychology, 18 (4): 326-344.

KELLY, 1952. Two functions reference groups [M] //SWANSON G H, ed. al. New York: Readings Social Psychology: 401-414.

KREBS D L, HESTEREN F V, 1994. The development of altruism: Toward an integrative model [J]. Developmental Review, 14 (2): 103-158.

KUMRU A, CARLO G, EDWARDS C., 2004. Relational, cultural, cognitive, and affective predictors of prosocial behaviors [J]. Turkish Psychology Journal, 19 (54): 109-125.

LADD G W, PROFILET S M, 1996. The child behavior scale: A teacher-report measure of young children's aggressive, withdrawn and prosocial behaviors [J]. Developmental Psychology, 32 (6): 1008-1024.

LAIBLE D J, CARLO G, ROESCH S C, 2004. Pathways to self-esteem in late adolescence: The role of parent and peer attachment, empathy, and social behaviours [J]. Journal of Adolescence, 27 (6): 703-716.

LANSFORD J E, DODGE K A, PETTIT G S, et al., 2002. A 12-year prospective study of the long-term effects of early child physical maltreatment on psychological, behavioral, and academic problems in adolescence [J]. Archives of Pediatrics & Adolescent Medicine, 156 (8): 824.

LATANE B, DARELY J M, 1976. Help in a crisis: Bystander response to an emergency [M] //Contemporary topics in social psychology. Morristown, NJ: General Learning Press.

LATANÉ B, NIDA S, 1981. Social impact theory and group influence: A social engineering perspective [M]. Hillsdale, HJ: Erlbaum.

LEAF J B, TAUBMAN M, BLOOMFIELD S, et al., 2009. Increasing social skills and pro-social behavior for three children diagnosed with autism through the use of a teaching package [J]. Research in Autism Spectrum Disorders, 3 (1): 275-289.

LEARY M R, BARNES B D, GRIEBEL C, et al., 1987. The impact of conjoint threats to social-and self-esteem on evaluation apprehension [J]. Social Psychology Quarterly, 50 (4): 304-311.

LEE M C, 2008. Factors influencing the adoption of internet banking: An integration of TAM and TPB with perceived risk and perceived benefit [J]. Electronic Commerce Research and Applications, 8 (3): 130-141.

LI W, MAO Y Y, LIU C. Understanding Chinese intention to donate online: The influence of norms and trust [EB/OL]. (2020-06-01) [2021-02-01]. https://www.icahdq.org/page/ICA2020.

LI X, LAM C B, CHUNG K K H, et al., 2019. Linking parents' self-stigma to the adjustment of children with disabilities [J]. American Journal of Orthopsychiatry, 89 (2): 212-221.

LIEBAL K, COLOMBI C, ROGERS S J, et al., 2008. Helping and cooperation in children with autism [J]. Journal of Autism and Developmental Disorders, 38 (2): 145-152.

LIU Y, NGAI S Y, 2019. The impact of social capital, self-efficacy, and resilience on the prosocial involvement of adolescents from families with and without economic disadvantages [J]. Child Indicators Research, 12 (5): 1735-1757.

LONSDALE C, HODGE K, ROSE E, 2008. The behavioral regulation in sport questionnaire (BRSQ): Instrument development and initial validity evidence [J]. Journal of Sport and Exercise Psychology, 30 (3): 323-355.

LUNDQVIST L O, ANDERSSON G, VIDING J, 2009. Effects of vibroacoustic music on challenging behaviors in individuals with autism and developmental disabilities [J]. Research in Autism Spectrum Disorders, 3 (2): 1-400.

MA H K, 2005. Adolescent behavior questionnaire: An introduction. Unpublished Manuscript [D]. Hong Kong: The Chinese University of Hong Kong.

MAENNER M J, SHAW K A, BAIO J, et al., 2020. Prevalence of autism spectrum disorder among children aged 8 years-autism and developmental disabilities monitoring network [J]. Surveillance Summaries, 69 (4): 1-12.

MAJUMDAR A, BOSE I, 2018. My words for your pizza: An analysis of persuasive narratives in online crowdfunding [J]. Information&Management, 55 (6): 781-794.

MARSH A A, 2004. Prosocial behavior and the recognition of distress from facial expressions [D]. Cambridge, MA: Harvard University.

MASTEN A S, MORISON P, PELLEGRINI D S, 1985. A revised class play method of peer assessment [J]. Child Development, 21 (3): 523-533.

MATEJEVIC M, JOVANOVIC D, LAZAREVIC V, 2014. Functionality of family rela-

tionships and parenting style in families of adolescents with substance abuse problems [J]. Procedia-Social and Behavioral Sciences, 128: 281-287.
MCCULLOUGH M E, KIMELDORF M B, COHEN A D, 2008. An adaptation for altruism: The social causes, social effects, and social evolution of gratitude [J]. Current Directions in Psychological Science, 17 (4): 281-285.
MCDONALD R I, CRANDALL C S, 2015. Social Norms and social influence [J]. Current Opinion in Behavioral Sciences, 1: 147-151.
MUSSEN P, EISENBERG N, 1977. Roots of caring, sharing, and helping: The development of pro-social behavior in children [M]. San Francisco: W. H. Freeman and Company.
MONTAG C, FIEBACH C J, KIRSCH P, et al., 2011. Interaction of 5-HTTLPR and a variation on the oxytocin receptor gene influences negative emotionality [J]. Biological Psychiatry, 69: 601-603.
MOYLAN C A, HERRENKOHL T I, SOUSA C, et al., 2010. The effects of child abuse and exposure to domestic violence on adolescent internalizing and externalizing behavior problems [J]. Journal of Family Violence, 25 (1): 53-63.
NATHANSON D E, FARIA D S, 1993. Cognitive improvement of children in water with and without dolphins [J]. Anthrozoös, 6 (1): 17-29.
NOELIA S A, MARTA R G, LUIS A G, et al., 2020. Mapping the field of donation-based crowdfunding for charitable causes: Systematic review and conceptual framework [J]. International Journal of Voluntary and Nonprofit Organizations, 3: 1-15.
OLIVER M B, KIM K, HOEWE J, et al., 2015. Media-Induced elevation as a means of enhancing feelings of intergroup connectedness [J]. Journal of Social Issues, 71 (1): 106-122.
PALLADINO B E, NOCENTINI A, MENESINI E, 2015. Psychometric properties of the florence cyberbullying-cybervictimization scales [J]. Cyberpsychology, Behavior and Social Networking, 18 (2): 112-119.
PARK C W, LESSIG V P, 1977. Students and housewives: Differences in susceptibility to reference group [J]. Journal of Consumer Research, 4 (2): 102-110.
PARSONS L M, 2007. The impact of financial information and voluntary disclosures on contributions to not-for-profit organizations [J]. Behavioral Research in Accounting, 19 (1): 179-196.
PASCHAL S, PAUL N, ORBELL S, 1999. Evidence that intentions based on

attitudes better predict behaviour than intentions based on subjective norms [J]. European Journal of Social Psychology, 29 (2-3): 403-406.

PAUL B, THOMAS L, ARMIN S, 2014. Crowdfunding: Tapping the right crowd [J]. Journal of Business Venturing, 29 (5): 585-609.

PENNER L A, DOVIDIO J F, PILIAVIN J A, et al., 2005. Prosocial behavior: multilevel perspectives [J]. Annual Review Psychology, 56: 365-392.

PENTINA I, PRYBUTOK V R , ZHANG X N, 2008. The role of virtual communities as shopping reference groups [J]. Journal of Electronic Commerce Research, 9 (2): 114-136.

PIFF P K, DIETZE P, FEINBERG M, et al., 2015. Awe, the small self, and prosocial behavior [J]. Journal of Personality and Social Psychology, 108 (6): 883-899.

PILIAVIN J A, 1981. Methods, findings, and history in attitude-behavior research: A rejoinder to Hanson. [J]. Psychology A Quarterly Journal of Human Behavior, 18 (4): 1.

POLLOCK P H, 1983. The participatory consequences of internal and external political efficacy: A research note [J]. The Western Political Quarterly, 36 (3): 400-409.

RANEY A A, JANICKE S H, OLIVER M B, et al., 2018. Profiling the audience for self-transcendent media: A national survey [J]. Mass Communication and Society, 21 (3): 296-319.

REDEFER L A, GOODMAN J F, 1989. Brief report: Pet-facilitated therapy with autistic children [J]. Journal of Autism and Developmental Disorders, 19 (3): 461-467.

REED A I, AQUINO K F, 2003. Moral identity and the expanding circle of moral regard toward out-groups [J]. Journal of Personality and Social Psychology, 84 (6): 1270-1286.

REYNOLDS S J, CERANIC T L, 2007. The effects of moral judgment and moral identity on moral behavior: An empirical examination of the moral individual [J]. Journal of Applied Psychology, 92 (6): 1610-1624.

RONALD F, FERREIRA M C, ASSMAR E, et al., 2009. Individualism-collectivism as descriptive norms: development of a subjective norm approach to culture measurement [J]. Journal of Cross-Cultural Psychology, 40 (2): 187-213.

ROSENHAN D, SALOVEY P, HARGIS K., 1981. The joy of helping: Focus of attention mediates the impact of positive affect on altruism [J]. Journal of Personality and Social Psychology, 40: 899-905.

ROSCOE B O, 1983. Guidelines to assist educators in identifying children of neglect [J]. Education, 103 (4): 395-398.

RUEGER S Y, MALECKI C K, PYUN Y, et al., 2016. A meta-analytic review of the association between perceived social support and depression in childhood and adolescence [J]. Psychological Bulletin, 142 (10): 1017-1067.

RUMMEL A, GOODWIN M, SHEPHERD M, 1990. Self-efficacy and stereotyping in advertising: Should consumers want a change? [J]. International Journal of Advertising, 9 (4): 308-316.

RUSHTON J P, CHRISJOHN R D, FEKKEN G C, 1981. The altruistic personality and the self-report of altruism scale [J]. Personality and Individual Difference, 2 (2): 293-302.

RYAN R M, DECI E L, 2000. Intrinsic and extrinsic motivations: Classic definitions and new directions [J]. Contemporary Educational Psychology, 25 (1): 54-67.

RYAN R M, DECI E L, 2000. Self-determination theory and the facilitation of intrinsic motivation, social development, and well-being [J]. American Psychologist, 55 (1): 68-78.

RYAN R M, DECI E L, 2000. The darker and brighter sides of human existence: Basic psychological needs as a unifying concept [J]. Psychological Inquiry, 11 (4): 319-338.

SAGE L, KAVUSSANU M, DUDA J, 2006. Goal orientations and moral identity as predictors of prosocial and antisocial functioning in male association football players [J]. Journal of Sports Sciences, 24 (5): 455-466.

SANSOSTI F J, POWELL-SMITH K A, KINCAID D, 2004. A research synthesis of social story intervention for children with autism spectrum disorders [J]. Focus on Autism and Other Developmental Disabilities, 19 (4): 194-204.

SARASON I G, LEVINE H M, BASHAM R B, et al., 1983. Assessing social support: The social support questionnaire [J]. Journal of Personality and Social Psychology, 44 (1): 127-139.

SASAKI F, 2016. online political efficacy (ope) as a reliable survey measure of political empowerment when using the internet: Measuring online political empowerment [J]. Policy&Internet, 8 (2): 197-214.

SCHWARTZ S H, 1977. Normative influences on altruism [M] //Advances in Experimental Social Psychology. New York: Academic Press.

SHAMA A, FREDERICKSON N, 2006. Investigating the effectiveness of social stories [J]. Educational Psychology in Practice, 22 (4): 355-377.

SHAVER P R, MIKULINCER M, 2002. Attachment-Related psychodynamics [J]. Attachment & Human Development, 4 (2): 133-161.

SHERIF M, HOVLAND C I, 1961. Social judgment: Assimilation and contrast effects in communication and attitude change [J]. American Journal of Sociology, 68 (1): 126-127.

SHIBUTANI T, 1955. Reference groups as perspectives [J]. American Journal of Sociology, 60: 562-569.

SIMPSON J A, RHOLES W S, 2015. Attachment theory and research: New directions and emerging themes [M]. New York: Guilford.

SIMONS-MORTON B G, CRUMP A D, HAYNIE D L, et al., 1999. Student-school bonding and adolescent problem behavior [J]. Health Education Research, 14 (1): 99-107.

SISCO M R, WEBER E U, 2019. Examining charitable giving in real-world online donations. Nature Communications, 10 (1): 1203-1222.

STEGER M F, 2007. Structural validity of the life regard index [J]. Measurement and Evaluation in Counseling and Development, 40 (2): 97-109.

STEGER M F, FRAZIER P, OISHI S, et al., 2006. The Meaning in life questionnaire: Assessing the presence of and search for meaning in life [J]. Journal Counseling Psychology, 53 (1): 80-93.

STEVE S W, 2007. Altruism among Kin vs. Konkin: Effects of cost of help and reciprocal exchange [J]. Evolution and Human Behavior, 28 (3): 193-198.

STRAUSS A L, CORBIN J, 1990. Basics of qualitative research: Grounded theory procedures and techniques. Thousand Oaks, CA: Sage.

STRICK M, BRUIN H L, RUITER L C, et al., 2015. Striking the right chord: Moving music increases psychological transportation and behavioral intentions [J]. Journal of Experimental Psychology: Applied, 21 (1): 57-72.

STRIGHT A D, KATHLEEN C G, KELLEY K, 2008. Infant temperament moderates relations between maternal parenting in early childhood and children's adjustment in first grade [J]. Child Development, 79 (1): 186-200.

TESSONE C J, SÁNCHEZ A, SCHWEITZER F, 2013. Diversity-induced resonance in the response to social norms [J]. Physical Review E Statistical, Nonlinear, and Soft Matter Physics, 87 (2): 1-22.

THOMPSON K L, GULLONE E, 2008. Prosocial and antisocial behaviors in adolescents: A-n investigation into associations with attachment and empathy [J]. Anthrozoös, 21 (2): 123-137.

THOMSON A L, SIEGEL J T, 2013. A moral act, elevation, and prosocial behavior: Moderators of morality [J]. The Journal of Positive Psychology, 8 (1): 50-64.

TRAVIS L, SIGMAN M, RUSKIN E, 2001. Links between social understanding and social behavior in verbally able children with autism [J]. Journal of Autism and Developmental Disorders, 31 (2): 119-130.

TRIVERS R L, 1971. The evolution of reciprocal altruism [J]. Q. Rev. Biol., 46: 35-57.

TURNER J C, HOGG M A, OAKES P J, et al., 1987. Rediscovering the social group: A self-categorization theory [M]. Oxford, UK: Basil Blackwell.

VAN TONGEREN D R, GREEN J D, 2010. Combating meaninglessness: On the automatic defense of meaning [J]. Personality Social Psychology Bulletin, 36 (10): 1372-1384.

WALDEN T A, FIELD T M, 1990. Preschool children's social competence and production and discrimination of affective experiences [J]. British Journal of Developmental Psychology, 8 (1): 65-76.

WALTER N T, MONTAG C, MARKETT S, et al., 2012. Ignorance is no excuse: Moral judgments are influenced by a genetic variation on the oxytocin receptor gene [J]. Brain Cognition, 78: 268-273.

WHITE K, DAHL W D, 2006. To be or not be? The influence of dissociative reference groups on consumer preferences [J]. Journal of Consumer Psychology, 16 (4): 404-414.

WINTERICH K P, AQUINO K, MITTAL V, et al., 2013. When moral identity symbolization motivates prosocial behavior: The role of recognition and moral identity internalization [J]. Journal of Applied Psychology, 98 (5): 759-770.

WISPÉ L G, 1972. Positive forms of social behavior: An overview [J]. The Journal of Social Issues, 28 (3): 1-19.

WITTEK R, BEKKERS R, 2015. International encyclopedia of the social&behavioral sciences [M]. Holland: Elsevier.

WRIGHT M F, LI Y, 2011. The associations between young adults' face-to-face prosocial behaviors and their online prosocial behaviors [J]. Computers in Human Behavior, 27 (5): 1959-1962.

ZHOU H, 2009. Political communication in dual discourse universe: The Chinese experience [M]. New York: Routledge.

ZICKFELD J H, SCHUBERT T W, SEIBT B, et al., 2019. Moving through the literature: What is the emotion often denoted being moved? [J]. Emotion Review, 11 (2): 123-139.

附录

附录一：大学生德育思想调查问卷（1）

1. 阅读材料

黄福荣，他不是公务员，不是武警战士，不是医护人员，也不是青海玉树人，他只是香港地区的一名货车司机，一位普通的志愿者。但是他却将自己的生命留在了玉树——2010 年 4 月 14 日，他本来已经逃离受损严重的孤儿院，到达安全地带，但在听闻孤儿院尚有几名师生被压后，毅然返回参与救助，不幸遇难。

黄福荣（1964. 7. 6—2010. 4. 14），香港地区的“爱心义工”，人们都叫他“阿福”。他原是一名集装箱货车司机，一直未婚。他虽是糖尿病患者，但一直热心公益事业。2002 年开始，他在中国内地做慈善工作，足迹遍及全国各地，不断帮助有需要的人士，特别是较贫穷落后地区的人群。他也曾参与汶川地震的救援工作。

黄福荣的行为震撼了香港人。当地各大慈善机构继援助汶川大地震后，纷纷再次伸出援手。为表彰黄福荣默默不闻、舍身救人的精神和在地震灾区的救援义举以及他所做的慈善工作，香港特别行政区政府追授黄福荣金质英勇勋章。黄福荣成为安息在景仰园中的第一个“平民”。

2. 阅读以上材料后，请在符合您实际情况的项目下打“√”。

注意：本问卷为不记名调查，您的回答我们会完全保密，只是希望能够获得您的真实想法。

示例：

题项	完全不同意	不同意	中立	同意	完全同意
1. 我喜欢吃火锅				√	
2. 我喜欢西餐		√			

题项	完全不同意	不同意	中立	同意	完全同意
1. 我很想做有关社会公益的工作					
2. 一有空闲时间，我就想去做义工					
3. 符合正义的事，我会不计个人利害努力去做					
4. 我希望我毕业后从事的职业能帮助大众改善生活状况					
5. 我有强烈的正义感，总会努力完成自己该做的事					
6. 我时常思考有利于他人的事					
7. 我时常想为自己的国家做些有益的事					
8. 符合仁义道德的事，我就会勇敢去做					
9. 在道义与个人利益面前，我宁愿选择前者					
10. 人生在世，应该多为社会大众做些好事					
11. 在有生之年，我希望能多做些有益世道人心的事					
12. 对社会上发生的重要事情，我很关心					
13. 我坚信人与人之间的友爱与关怀，是人生的重要价值					
14. 世上有许多苦难的人，我很想尽一己之力去帮助他们					
15. 大家都是兄弟姐妹，我希望自己能为更多人服务					
16. 我不会因为某人有缺点就排斥他					
17. 不管某人的想法与做法与我有多么不同，我都会尊重他					
18. 我希望能突破个人的局限，为人类福祉而努力					

题项	完全不同意	不同意	中立	同意	完全同意
19. 看到有人受苦，我总会产生怜悯之心					
20. 博爱之心是人生最宝贵的资产，我时常提醒自己要善待别人					
21. 我相信人大都是善良的，是值得信任的					
22. 有些人真的是又愚蠢又自私，但我不会苛责他们					
23. 为了达成一项有意义的使命，即使牺牲个人利益我也愿意					
24. 不论生活平顺或艰难，我都抱有感恩的心					

性别 1. 男（　）　2. 女（　）

附录二：大学生德育思想调查问卷（2）

1. 阅读材料

2013年12月31日中午，广东省河源市东源县漳溪畲族乡的吴伟青驾驶一辆摩托车去街市。行至街市旁的一座小桥时，他看到80多岁的周大爷摔倒在路边，于是下车将老人扶起，并将其送往附近的卫生院治疗，老人认定是吴伟青的摩托车撞了自己，自己才摔倒的。因无人作证，吴伟青借钱垫付了医药费。后来，老人儿子打来电话，要求将老人送到市里的大医院再次检查，吴伟青垫付了3 000多元的医药费，并被要求赔偿10万~20万元。2014年1月2日，在诸多压力之下，吴伟青为证明清白投塘自尽。事件发生后，广东省深圳市知名公益人士陈观玉以同龄人身份向周大爷了解事实真相时，周大爷却承认是自己摔倒的，当陈观玉提及吴伟青已经以自杀证清白的事情后，周大爷再也没有作声。

大部分网友对此事件的过程进行了解后，认为吴伟青是好心没好报，无辜受害。这个事件的影响较大，很多网友认为以后要是碰到类似的状况，再也不敢进行救助，害怕惹祸上身。

2. 阅读以上材料后，请在符合您实际情况的项目下打“√”。

注意：本问卷为不记名调查，您的回答我们会完全保密，只是希望能够获得你的真实想法。

示例：

题项	完全不同意	不同意	中立	同意	完全同意
1. 我喜欢吃火锅				√	
2. 我喜欢西餐		√			

题项	完全不同意	不同意	中立	同意	完全同意
1. 我很想做有关社会公益的工作					
2. 一有空闲时间，我就想去做义工					
3. 符合正义的事，我会不计个人利害努力去做					

题项	完全不同意	不同意	中立	同意	完全同意
4. 我希望我毕业后从事的职业能帮助大众改善生活状况					
5. 我有强烈的正义感，总会努力完成自己该做的事					
6. 我时常思考有利于他人的事					
7. 我时常想为自己的国家做些有益的事					
8. 符合仁义道德的事，我就会勇敢去做					
9. 在道义与个人利益面前，我宁愿选择前者					
10. 人生在世，应该多为社会大众做些好事					
11. 在有生之年，我希望能多做些有益世道人心的事					
12. 对社会上发生的重要事情，我很关心					
13. 我坚信人与人之间的友爱与关怀，是人生的重要价值					
14. 世上有许多苦难的人，我很想尽一己之力去帮助他们					
15. 大家都是兄弟姐妹，我希望自己能为更多人服务					
16. 我不会因为某人有缺点就排斥他					
17. 不管某人的想法与做法与我有多么不同，我都会尊重他					
18. 我希望能突破个人的局限，为人类福祉而努力					
19. 看到有人受苦，我总会产生怜悯之心					
20. 博爱之心是人生最宝贵的资产，我时常提醒自己要善待别人					
21. 我相信人大都是善良的，是值得信任的					
22. 有些人真的是又愚蠢又自私，但我不会苛责他们					
23. 为了达成一项有意义的使命，即使牺牲个人利益我也愿意					
24. 不论生活平顺或艰难，我都抱有感恩的心					

性别 1. 男（　） 2. 女（　）

附录三：大学生德育思想调查问卷（3）

1. 阅读材料 1

2013 年 12 月 31 日中午，广东省河源市东源县漳溪畲族乡的吴伟青驾驶一辆摩托车去街市。行至街市旁的一座小桥时，他看到 80 多岁的周大爷摔倒在路边，于是下车将老人扶起，并将其送往附近的卫生院治疗，老人认定是吴伟青的摩托车撞了自己，自己才摔倒的。因无人作证，吴伟青借钱垫付了医药费。后来，老人儿子打来电话，要求将老人送到市里的大医院再次检查，吴伟青垫付了 3 000 多元的医药费，并被要求赔偿 10 万~20 万元。2014 年 1 月 2 日，在诸多压力之下，吴伟青为证明清白投塘自尽。事件发生后，广东省深圳市知名公益人士陈观玉以同龄人身份向周大爷了解事实真相时，周大爷却承认是自己摔倒的，当陈观玉提及吴伟青已经以自杀证清白的事情后，周大爷再也没有作声。

大部分网友对此事件的过程进行了解后，认为吴伟青是好心没好报，无辜受害。这个事件的影响较大，很多网友认为以后要是碰到类似的状况，再也不敢进行救助，害怕惹祸上身。

2. 阅读材料 2

701 路公交车的司机文晶发现一位老人（熊婆婆）晕倒在地，将其送到长沙市第八医院，之后该老人被转入医院的重症监护室。

文晶一直陪在熊婆婆旁边，后来熊婆婆的家人也赶到了，大声指责文晶："怎么这么不小心，撞倒老人！"面对熊婆婆家人的指责，文晶赶紧澄清："我没撞到人，只是在帮忙。"但熊婆婆家人根本不信。后来，警方调查后查出真相。"现在做好事不容易，不仅要留真姓名，还要留证据、证人，要不然麻烦会找上门。"方警官感叹道。

3. 阅读以上材料后，请在符合您实际情况的项目下打"√"。

注意：本问卷为不记名调查，您的回答我们会完全保密，只是希望能够获得你的真实想法。

示例：

题项	完全不同意	不同意	中立	同意	完全同意
1. 我喜欢吃火锅				√	
2. 我喜欢西餐		√			

题项	完全不同意	不同意	中立	同意	完全同意
1. 我很想做有关社会公益的工作					
2. 一有空闲时间，我就想去做义工					
3. 符合正义的事，我会不计个人利害努力去做					
4. 我希望我毕业后从事的职业能帮助大众改善生活状况					
5. 我有强烈的正义感，总会努力完成自己该做的事					
6. 我时常思考有利于他人的事					
7. 我时常想为自己的国家做些有益的事					
8. 符合仁义道德的事，我就会勇敢去做					
9. 在道义与个人利益面前，我宁愿选择前者					
10. 人生在世，应该多为社会大众做些好事					
11. 在有生之年，我希望能多做些有益世道人心的事					
12. 对社会上发生的重要事情，我很关心					
13. 我坚信人与人之间的友爱与关怀，是人生的重要价值					
14. 世上有许多苦难的人，我很想尽一己之力去帮助他们					
15. 大家都是兄弟姐妹，我希望自己能为更多人服务					
16. 我不会因为某人有缺点就排斥他					
17. 不管某人的想法与做法与我有多么不同，我都会尊重他					
18. 我希望能突破个人的局限，为人类福祉而努力					
19. 看到有人受苦，我总会产生怜悯之心					

题项	完全不同意	不同意	中立	同意	完全同意
20. 博爱之心是人生最宝贵的资产，我时常提醒自己要善待别人					
21. 我相信人大都是善良的，是值得信任的					
22. 有些人真的是又愚蠢又自私，但我不会苛责他们					
23. 为了达成一项有意义的使命，即使牺牲个人利益我也愿意					
24. 不论生活平顺或艰难，我都抱有感恩的心					

性别 1. 男（　）　2. 女（　）

附录四：社会行为调查问卷（1）

同学，你好！

我们正在进行一项学术调查，非常希望得到你的配合，谢谢！

请阅读以下材料：2010 年 4 月 3 日中午，在南京长途汽车站附近，一名背着印有 LV 字样背包的女子，跪倒在人行道上，身前的地面上用粉笔写着“请求 3 元打电话或吃饭，如方便帮点路费”。女子身体健康、容貌清秀、穿着时髦，膝下有一厚厚的垫子（防止膝盖受损），戴的眼镜看起来价钱也不低，如果不是看见她在向你乞讨“回家的路费”，你一定会认为这是一个时髦的女子。对于这位女子，你的心情是：（请在对应的数字上画钩）

	一点也没有 非常强烈
（1）同情的	1----2----3----4----5----6----7
（2）可怜的	1----2----3----4----5----6----7
（3）忧虑的	1----2----3----4----5----6----7
（4）怜悯的	1----2----3----4----5----6----7
（5）心烦的	1----2----3----4----5----6----7
（6）认为值得帮助的	1----2----3----4----5----6----7
（7）想帮助她	1----2----3----4----5----6----7

你的个人信息是：

性别　男　女

年级　大一　大二　大三　大四

附录五：社会行为调查问卷（2）

同学，你好！

我们正在进行一项学术调查，非常希望得到你的配合，谢谢！

请阅读以下材料：2010 年 4 月 3 日中午，在南京长途汽车站附近，一名背包女子跪倒在人行道上乞讨。女子身体健康、容貌清秀，是某高校在校大学生，从小父母离异，三个月前，相依为命的母亲不幸身患白血病。为了筹集医药费，她今天偷偷到一个离学校较远的地方乞讨，希望能得到帮助。对于这位女子，你的心情是：（请在对应的数字上画钩）

	一点也没有 非常强烈
（1）同情的	1----2----3----4----5----6----7
（2）可怜的	1----2----3----4----5----6----7
（3）忧虑的	1----2----3----4----5----6----7
（4）怜悯的	1----2----3----4----5----6----7
（5）心烦的	1----2----3----4----5----6----7
（6）认为值得帮助的	1----2----3----4----5----6----7
（7）想帮助她	1----2----3----4----5----6----7

你的个人信息是：

性别　　男　　女

年级　　大一　大二　大三　大四

附录六：社会行为调查问卷（3）

同学，你好！

我们正在进行一项学术调查，非常希望得到你的配合，谢谢！

请阅读以下材料：2010 年 4 月 3 日中午，在南京长途汽车站附近，一名背包女子跪倒在人行道上，身前的地面上用粉笔写着“请求 3 元打电话或吃饭，如方便帮点路费”。对于这位女子，你的心情是：（请在对应的数字上画钩）

	一点也没有　　　　　　　　非常强烈
（1）同情的	1----2----3----4----5----6----7
（2）可怜的	1----2----3----4----5----6----7
（3）忧虑的	1----2----3----4----5----6----7
（4）怜悯的	1----2----3----4----5----6----7
（5）心烦的	1----2----3----4----5----6----7
（6）认为值得帮助的	1----2----3----4----5----6----7
（7）想帮助她	1----2----3----4----5----6----7

你的个人信息是：

性别　　男　　女

年级　　大一　　大二　大三　大四

附录七：社会行为调查问卷（4）

同学，你好！

我们正在进行一项学术调查，非常希望得到你的配合，谢谢！

请阅读以下材料：以下为两所学校的学生学习现状，A学校的学生在窑洞里上课，光线昏暗，每个人只能用一块小石板当作写字本；B学校教室里缺少凳子，学生们挤在一起，站着上课。请结合下表中的情况，在对应的数字上画钩。

1. 一定不会 2. 可能不会 3. 说不清 4. 可能会 5. 一定会

1. 如果你用勤工俭学的钱向这两所学校捐款100元，你的父母知道后，常常在人前表扬你，你以后是否会继续捐款？	1----2----3----4----5
2. 如果你用勤工俭学的钱向这两所学校捐款100元，你的父母知道后，常常在人前批评你，你以后是否会继续捐款？	1----2----3----4----5
3. 如果你用勤工俭学的钱向这两所学校捐款100元，你的父母知道后，却无动于衷，你以后是否会继续捐款？	1----2----3----4----5
4. 如果你用勤工俭学的钱向这两所学校捐款100元，你的班主任知道后，对你进行了公开表扬，你以后是否会继续捐款？	1----2----3----4----5
5. 如果你用勤工俭学的钱向这两所学校捐款100元，你的班主任知道后，对你的行为公开表示不屑，或者公开质疑你的动机，你以后是否会继续捐款？	1----2----3----4----5
6. 如果你用勤工俭学的钱向这两所学校捐款100元，你的班主任知道后，却无动于衷，你以后是否会继续捐款？	1----2----3----4----5
7. 如果你用勤工俭学的钱向这两所学校捐款100元，你的同学知道后，对你的行为进行宣扬并公开表示赞许，你以后是否会继续捐款？	1----2----3----4----5
8. 如果你用勤工俭学的钱向这两所学校捐款100元，你的同学知道后，对你的行为嗤之以鼻或公开进行嘲笑、讥讽等，你以后是否会继续捐款？	1----2----3----4----5

9. 如果你用勤工俭学的钱向这两所学校捐款 100 元，你的同学知道后，却无动于衷，你以后是否会继续捐款？	1----2----3----4----5
10. 如果你用勤工俭学的钱向这两所学校捐款 100 元，社会上素不相识的人知道后，对你的行为公开表示赞许，你以后是否会继续捐款？	1----2----3----4----5
11. 如果你用勤工俭学的钱向这两所学校捐款 100 元，社会上素不相识的人知道后，对你的行为公开表示质疑或进行嘲讽、讥笑等，你以后是否会继续捐款？	1----2----3----4----5
12. 如果你用勤工俭学的钱向这两所学校捐款 100 元，社会上素不相识的人知道后，却无动于衷，你以后是否会继续捐款？	1----2----3----4----5

你的个人信息是：（勾选）

性别　　男　　女

年级　　大一　大二　大三　大四